GENEALOGIE

DE LA MAISON

DE FAUCIGNY-LUCINGE.

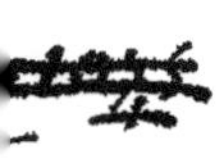

GÉNÉALOGIE

DE LA MAISON

DE FAUCIGNY-LUCINGE.

 SIGEFROY, Gonfalonier de la Sainte Église Romaine et Préfet du Prétoire apostolique aux royaumes d'Arles et de Bourgogne, se trouve mentionné dans le mortuologe de Sainte Marie de la Balme, comme fondateur de cette église, et l'on y voit marquée la mort du Comte Sulpicius, son frère, aux îdes de septembre 968. Il est également nommé dans une bulle du Pape Léon IX, ainsi qu'on le verra dans l'article d'Emerard son fils. Par un acte du cartulaire de Savigny, il traite avec Itarius, Abbé de ce monastère, comme arbitre d'un différent survenu entre Ermengarde, veuve du Roi Rodolphe de Bourgogne, Humbert aux-blanches-mains Comte de Savoye, et Ligarius Archevêque de Vienne. La chronique de saint Iudox lui donne le titre de gonfalonier des armées du saint-siége sous le pontificat de Benoît VII; et suivant

1

un autre passage de la même chronique, il avoit épousé MICHELLE COLONNA. On ignore s'il est fait mention de cette alliance dans les archives de cette maison, la plus illustre de l'état Romain. C'est un fait enseveli dans la nuit des âges avec profondeur, et la maison de Faucigny n'a pu conserver aucun document, ni même aucune tradition relative au mariage de Sigefroy. Il eut pour fils unique Emerard, dont l'article suit :

2ᵉ DEGRÉ.

EMERARD. Souverain Seigneur de FAUCIGNY, et Marquis des Alpes, est nommé fils de Sigefroy et père de Louis Seigneur de Faucigny, dans une bulle du pape Léon IX, au sujet des indulgences accordées par le même pontife, à l'effet d'obtenir de Dieu le repos de l'âme de Sigefroy, la bénédiction de l'Apôtre Saint Pierre pour Louis son petit-fils ; et principalement la prospérité spirituelle et temporelle dudit Emerard, lequel traitoit alors pour la rançon du Pape, avec les Normands qui l'avoient fait prisonnier. Cette bulle est donnée la deuxième férie de la première lune, année de l'incarnation 1049. Emerard est qualifié *Dominus Fuciniaci et Alpensis Marchio* dans un rescrit de l'Empereur Conrad le Salique, dont l'original étoit aux archives de l'abbaye de Savigny, et dont une ancienne copie, citée par Grotius, étoit conservée dans le cartulaire de Malines. Il eut pour postérité le fils qui suit :

3ᵉ DEGRÉ

LOUIS I du nom, Souverain Seigneur de FAUCIGNY, Ambassadeur de Philippe I, Roi de France, et de Baudouin Comte de Flandre, tuteur du Roi, auprès d'Alexis Comnène, Empereur d'Orient; se trouve nommé dans la bulle de Léon IX précitée, avec Emerard son père, et Sigefroy son aïeul. Il précéda l'armée de Godefroy de Bouillon, à Constantinople, et combattit ensuite avec les autres croisés latins contre l'Empereur grec, à la bataille d'Epidamme, en l'année 1097, ainsi qu'il est marqué dans les *Acti Mediolani,* dans la Chronique de Talluyre, et dans l'Encyclique du Protosincelle Dioscore. Il avoit épousé **THETBERGE**, veuve de Gérald et mère d'Aymon Comtes de Genévois, comme il est prouvé par un grand nombre de chartes, et comme il se voit dans l'Histoire généalogique de la Royale Maison de Savoye, par Samuel Guichenon, vol. II, pages 1169 et 1171. Ils eurent pour enfans :

1° GUILLAUME I. S. Seigneur de FAUCIGNY, dont l'article suit :

2° AMÉ DE FAUCIGNY, Chevalier, désigné comme frère consanguin de Guillaume Seigneur de Faucigny, et comme frère utérin d'Aymon Comte de Genévois, dans plusieurs titres vérifiés, rapportés ou cités par Botero, Chiesa, du Butet et le même Guichenon. On a cru qu'il étoit la tige des premiers Sires de Thoires en Bresse, mais c'est une opinion qu'on ne sauroit établir avec solidité.

3° GUY DE FAUCIGNY, Évêque de Genève et Palatin de l'Empereur Lothaire, lequel fit donation de l'église et de la seigneurie de Contamines à l'abbaye de Cluny, en l'année 1159, ainsi qu'il est rapporté dans les Annales Bénédictines, et comme il est prouvé par un acte confirmatif existant au trésor de Chambéry.

4ᵉ ᴅᴛɢʀᴇ

GUILLAUME I du nom, Souverain Seigneur de FAUCIGNY, Vidame de Genève et co-Seigneur de Versoy, lequel est nommé dans une charte consultée par Guichenon, où comparoissent ses deux fils Rodolphe et Gérard, assistés d'OTTILIE, Dame de Faucigny leur mère, et duquel titre il appert que le même Guillaume ne vivoit plus en l'année 1119. Il est qualifié dans la même charte *dominus Faulcigniaci, vice dominus Gebennensis et con dominus Versolliæ*. Il avoit laissé pour postérité masculine :

1° RAYMOND ᴅᴇ FAUCIGNY, qualifié *Domicellus*, lequel transigeoit avec André, Prieur de Hautecombe, en l'année 1117, et que l'on croit mort sans alliance avant son père et Rodolphe, son frère puîné.

2° RODOLPHE I du nom, S. Seigneur de FAUCIGNY, dont l'article va suivre en formant le cinquième degré de cette filiation.

3° GÉRARD ᴅᴇ FAUCIGNY, Évêque de Lausanne, et Comte Palatin du Saint Empire, mentionné dans l'obituaire de son église cathédrale, et cité dans la même charte qu'Ottilie sa mère, et que Rodolphe Seigneur de Faucigny, son frère aîné.

4° AMÉ ᴅᴇ FAUCIGNY, Archevêque de Tarentaise, Evêque de Maurienne, et Général de l'armée de Lothaire Roi de Germanie, lequel est cité dans un acte scellé par ce prince, à Rome, avant qu'il eût reçu la couronne impériale, et daté du jour saint Clément 1133. Il est également inscrit sur les tables généalogiques de l'histoire de Savoye, comme frère de Rodolphe I, Seigneur de Faucigny.

5ᵉ DEGRE.

RODOLPHE I du nom, Souverain Seigneur de FAUCIGNY, lequel en 1125, aux kalendes de février, fut garant de la donation faite à Saint-Nicolas de Montjoux, par Amé III Comte de Savoye, en présence d'Aymerick Vicomte de Tarantaise. (Cette charte est pleinement rapportée par Guichenon, vol. II, page 31 des pièces justificatives de son histoire). Rodolphe, avec Aymon son fils, se trouvent les premiers nommés en tête de la liste des seigneurs croisés, qui accompagnèrent Amé IV Comte de Savoye, à la terre Sainte en 1147, ainsi qu'il se voit à la page 227 du vol. I de la même histoire de Savoye. Les deux Paradin, du Butet et même Guichenon paroissent avoir ignoré le nom de l'épouse de Rodolphe; mais suivant un ancien mémorial aux archives royales de Turin, provenant de celles du chapitre de Grenoble, Rodolphe avoit épousé *Constancia de Bellovisu D. Grandifridis filia*, et tout porte à croire que la même CONSTANCE étoit la fille de Geoffroy Sire de BEAUVOIR en Dauphiné. Rodolphe laissa pour enfans :

1° AYMON I du nom, Souverain Seigneur de FAUCIGNY, lequel par titre de l'an 1130, fut donné par Amé IV, Comte de Savoye, pour caution de sa parole envers Pierre et Simon de Savoye, ses frères puînés, au sujet des apanages qu'il accordoit à ces princes. Aymon fonda le monastère et fit édifier l'église de Notre-Dame du Reposoir en Faucigny, ordre des Chartreux, par donation de 1145. Il témoigna deux actes passés en 1150, entre les religieux de Saint Maurice en Chablais, ét Humbert Comte de Savoye, surnommé *le Saint*, ainsi qu'il appert des pièces justificatives en l'histoire de la maison de Savoye. On a déjà vu qu'Aymon Seigneur de Faucigny partit pour la croisade avec Rodolphe son père, en 1147. Il avoit été blessé de treize coups de lance au siége d'Acre, ainsi que le portoit l'inscription de son mausolée, en l'église de sa forteresse de Châtillon en Faucigny. Il mourut sans enfans suivant son épitaphe, au mois d'avril 1156, et ce fut Humbert, son frère puîné, qui devint son successeur.

2° Humbert i, Souverain Seigneur de Faucigny, dont l'article suit, et qui succéda à son frère aîné dans la souveraineté de son état.

3° Rodolphe de Faucigny, surnommé *l'Allemand*, tige des Seigneurs, Comtes et Marquis de Lucinge, Sénéchaux héréditaires du Faucigny, Vicomtes de Lompnes, Marquis de Coligny-Chastillon, Vidames de Bugey, etc., dont nous suivrons la descendance après avoir tracé la filiation de Humbert, frère aîné du même Rodolphe.

4° Ardutius de Faucigny, Évêque et Prince de Genève, créé par l'Empereur Frédéric I, Prince du Saint Empire Romain, pour lui et ses successeurs audit siége épiscopal; lequel ne vivoit plus en 1179, ainsi qu'il appert du nécrologe de l'église cathédrale de Genève, consulté par Chorier, et cité par lui dans sa généalogie manuscrite des Comtes de Beauvoir.

(7)

5° PONCE DE FAUCIGNY, Abbé de l'Insigne Église Impériale de Notre-Dame en val-Roche, et de Saint Sixte,
libre Baron du Saint Empire Romain, et Châtelain de
la Balme, lequel prêta foi et hommage à l'Impératrice
Béatrix Duchesse de Bourgogne, par un acte d'aveu
du mois d'avril 1168. Dans cette charte écrite en
style barbare, il est dit que le Seigneur Abbé s'engage
à servir l'Impératrice Duchesse, envers et contre tous
à l'exception de notre Père, le Saint Apostole de
Rome, et du Seigneur de Faulxigny, son neveu et
son souverain.

6° RAYMOND DE FAUCIGNY, Damoiseau, lequel est mentionné dans plusieurs actes passés ou scellés par
Humbert son frère aîné, en même temps que
Raymond de Faucigny, Sire de Thoires, leur frère
commun.

7° RAYMOND DE FAUCIGNY, Sire de Thoires et Châtelain
de Wallemonts, lequel avec dispenses du Pape Lu-
cius, fulminées par Arduïus Évêque et Prince de
Genève, épousa Béatrix de Faucigny, fille d'Aymon II, Souverain Seigneur de Faucigny, son neveu;
et laquelle Béatrix étoit sœur puînée d'Agnès de Faucigny Comtesse de Savoye. Ce sont les auteurs de
l'illustre maison de Thoires et Villars, qui fit alliance
avec celles de Bourgogne, d'Autriche, de France, de
Savoye, de Suabe, etc. Béatrix de Bourgogne, fille
du Duc Eudes III et de sa femme Alix de Vergy,
ayant épousé Humbert de Faucigny, Sire de Thoires
et de Villars, en 1249. Leur petit-fils, Humbert V du
nom, épousa l'an 1296, Alienor de Beaujeu, fille de

Louis de Forez Sire de Beaujollois, Prince de Dombes, et d'Aliénor de Savoye. Le fils aîné de Humbert V et d'Aliénor de Beaujeu, Humbert de Faucigny, Sire de Thoires et VI du nom, avoit eu pour première femme Béatrix de Savoye, fille de Philippe Comte de Piémont et d'Isabeau de Villehardouin Princesse d'Achaie; en secondes noces, il épousa Isabeau de Châlons, fille de Jean, Comte d'Auxerre et de Tonnerre, et d'Alix de Bourgogne Comtesse de Montbelliard. Humbert VII du nom, Sire de Thoires et Villars, eut pour femme Isabeau de Harcourt, fille de Catherine de Bourbon, et petite-fille d'Isabeau de Valois. Alix de Faucigny-Villars, sa sœur, avoit épousé l'an 1362, Philippe de Savoye Sire de Vigon, lequel étoit fils aîné de Jacques de Savoye Prince de Piémont, et de Sybille de Baux, Maréchale héréditaire d'Achaie, Néopente et Céphalonie. Enfin, Odon de Faucigny Comte de Villars, Prince d'Orange et Seigneur de Baux, Comte d'Avelin, de Beaufort et de Genévois, Gouverneur et Capitaine général du Piémont, Chevalier de l'Annonciade, etc., eut pour femme Alix de Baux, Princesse d'Orange, laquelle avoit été fiancée avec Henry de Bretagne Despote de Romanie, et laquelle étant veuve d'Odon, Comte de Villars et Prince d'Orange, épousa Conrad d'Autriche, Marquis de Fribourg et de Neuchâtel, en 1412. Le chef de cette maison possédoit héréditairement un canonicat séculier en la Métropole de Saint-Jean de Lyon, église Primatiale des Gaules; c'est un honneur qu'il ne partageoit qu'avec les Rois Très-Chrétiens, et c'est à titre de Comtes de Villars, et comme successeurs des Sires de Thoires, que les Ducs de Savoye, Charles le Bon et son fils Emmanuel Philibert, avoient joui du même privilége. Ce noble rameau de l'ancienne tige de Faucigny se trouve encore illustré par le docte et vénérable Ponce de Thoires, Évêque de Mâcon l'an 1202, et qui fut l'ami de Saint Hugues Abbé de Cluny; par Boniface de Faucigny-Thoires, Évêque de Belley en 1215, et surnommé le *bon Pasteur des Gaules*, par Humbert III Sire de Thoires, Palatin de Rodolphe Roi des Romains, et son Sénéchal au royaume d'Arles. On trouve encore en 1286, Amé de Faucigny-Villars, Chevalier, qui fut arbitre de la paix entre le Dauphin Guigues et le Comte Amé de Savoye, surnommé le Grand. Au rapport du Sire de Joinville, c'étoit Henri de Faucigny-Villars Archevêque de Lyon, qui présida l'an 1297 à la canonisation du Roi Saint Louis; et le bienheureux Charles de Faucigny, Grand Archidiacre de Forez, fut béatifié par le Pape Boniface VIII, en 1399. Henri II de Faucigny-Villars, Cardinal, Archevêque de Lyon, Primat des Gaules, Archevêque et Prince d'Embrun, Evêque de Viviers, Comte de Vivarais, Régent du Dauphiné sous le règne de Humbert II, et Lieutenant Général de ce Prince au gouvernement de ses États, conclut et se rendit caution du traité qui réunissoit le domaine Delphinal à la couronne de France. Louis de Faucigny-Villars, Cardinal, Archevêque de Lyon, Evêque et Comte de Valence, de Gap et de Die, avoit fondé le chapitre de Saint-Nizier de Lyon, avec une magnificence toute royale; et c'est au même Cardinal de Villars, que le Roi Philippe-le-Bel avoit accordé les droits et le titre de Comte de Lyon, pour être unis à son siége à perpétuité. Enfin, ce fut Humbert de Faucigny Sire de Thoires, Ambassadeur du Dauphin, son neveu, auprès du Roi Philippe-de-Valois, qui, le 22 avril, à Vincennes, en 1343, souscrivit et signa le fameux traité qui donna ce riche héritage à la maison de France. La branche de Faucigny, Thoires et Villars, s'éteignit au XVe siècle, avec Humbert de Faucigny VIII du nom, Sire de Thoires et Prince de l'Empire, Comte de Villars et de Genévois, Seigneur de Rossillion, de Montdidier, d'Annonay, de Martignes et *LXXII aultres ses lieux*, Chevalier de la Toison-d'Or, Chanoine héréditaire et Comte de Lyon, etc., etc., lequel avoit hérité du pays de Genévois, du chef de Marie sa mère, fille unique du dernier Comte, lequel Humbert avoit reçu l'investiture du même Comté Souverain par l'Empereur Vinceslas. Il avoit épousé Louise de Poitiers, fille de Louis II Comte de Valentinois et de Cécile de Beaufort, nièce du Pape Grégoire XI, et de ce mariage il n'étoit provenu qu'un enfant, mort en bas âge.

6e DEGRÉ. — HUMBERT I du nom, Souverain Seigneur de FAUCIGNY, deuxième fils de Rodolphe I et de Constance de Beauvoir, souscrivit, avec Aymon son frère, à la fondation de la Chartreuse du Reposoir, en 1145. Il comparut en 1170 devant l'Archevêque et l'officialité primatiale de Vienne, comme étant caution d'Aliénor de Savoye, Reine de Thessalie, laquelle avoit souscrit l'obligation de deux mille marcs envers l'Eglise métropolitaine de Saint Pierre. BERTHE DE BEAUGÉ, son épouse, est nommée dans le verbal de l'acte, ainsi que Marquisius leur fils, et avec Rodolphe de Faucigny, surnommé *l'Allemand*, frère puîné de Humbert. Il se croisa l'an 1203, avec Claude Evêque d'Autun; Hugues Sire de Coligny, et Lyonnel Comte de Fœurs, pour accompagner Boniface, Marquis de Montferrat, à la Terre Sainte. Il avoit eu pour enfans de Berthe de Beaugé, issue des anciens Marquis de Bresse, et Comtes de Mâcon :

1° GUILLAUME II du nom, Souverain Baron de FAUCIGNY, dont l'article suit :

2° HENRY DE FAUCIGNY, Prieur et Seigneur de Saint Jean *in vallo*.

3° MARQUISIUS DE FAUCIGNY, cité dans l'acte de comparution avec Humbert son pèré, et Rodolphe son oncle, qu'il accompagnoit devant l'officialité de Vienne.

4° AYMON II du nom, Souverain Seigneur de FAUCIGNY, dont l'article suivra celui de Guillaume son frère aîné.

 GUILLAUME II du nom, Seigneur et Souverain Baron de FAUCIGNY, surnommé le *Valétudinaire*. Tout ce que les chroniques de France et d'Italie nous ont conservé de plus détaillé sur ce Prince, c'est qu'il assistoit à Rome, au couronnement de Frédérick Barberousse, en 1155, et qu'il y porta la bannière de l'Empereur pendant la cérémonie de son intronisation. Suivant Guillaume de Pingon, cité par Guichenon dans son Histoire de Savoye, Guillaume II de Faucigny avoit pris la croix, avec Thomas de Savoye, Aymon de Genève et Guichard de Beaujeu, pour aller combattre en Syrie, dans l'armée du Marquis Boniface, Généralissime des Croisés. Mais la plupart des historiens ont pensé que le même Guillaume n'exécuta pas le vœu qu'il avoit fait, et qu'il envoya seulement CLXXVII gens d'armes en Palestine. Il est qualifié *très-pieux et très-illustre Baron de Faucigny et advoué de l'Église de Genève*, dans un titre latin du chapitre de saint Claude, où l'on voit qu'il vivoit encore en 1202; mais il a laissé si peu de traces dans l'histoire qu'on ignore aujourd'hui le nom de son épouse. Il avoit eu pour fille unique MARGUERITE DE FAUCIGNY, Comtesse de SAVOYE et Marquise d'Italie, laquelle avoit épousé vers l'an 1218, Thomas I du nom, Souverain Comte de Savoye, de Maurienne, etc. Ils eurent entr'autres enfans, Amé IV, Comte de Savoye, Duc de Chablais, Prince de Piémont et Marquis de l'Empire en Italie; Philippe de Savoye, Comte Palatin de Bourgogne; Thomas de Savoye, Comte de Flandres et de Haynault, qui fut la tige des princes d'Achaïe; Boniface de Savoye, Archevêque de Cantorbéry, Régent et Primat d'Angleterre; Béatrix de Savoye, Comtesse de Provence et mère de Marguerite de Provence, femme du Roi Saint Louis; Léonore de Savoye, Marquise de Gènes et de Milan, etc. Guillaume II n'ayant point eu d'autres enfans que ladite Marguerite, Comtesse de Savoye, la possession du Faucigny fut transmise à Aymon II, frère puîné de Guillaume, ainsi qu'on le verra dans l'article suivant:

7ᵉ DEGRÉ. AYMON II du nom, Souverain Baron de FAUCIGNY, et successeur de son frère aîné Guillaume second. Il confirma l'an 1221, une donation faite par Rodolphe de Faucigny, Sire de Lucinge et Sénéchal héréditaire de la Baronnie dé Faucigny, au monastère de Notre-Dame du Reposoir en Faucigny, ordre des Chartréux. En 1224, il fut la caution d'un traité conclu entre ses deux neveux, Thomas Comte de Savoye, et Etienne de Faucigny Sire de Thoires et Villars, touchant la seigneurie de Festerne en Chablais. En 1233, il donna des lettres patentes confirmatives de la donation sus-dite, renouvelée pour la même Eglise du Reposoir par Rodolphe de Faucigny III du nom, Sire de Greysier, fils du Sénéchal Rodolphe Sire de Lucinge, et confirmée de nouveau par Rodolphe IV Sire de Lucinge, et par Guillaume Sire de Chasves, en faveur du même Rodolphe de Faucigny III du nom. On connoît la confiance et la dévotion des souverains et des peuples de Savoye pour leur patron Saint Maurice. Le Comte Pierre étant allé visiter l'Eglise et l'Abbaye dédiées à Saint Maurice en Chablais, l'Abbé Rodolphe, en reconnois-sance des bienfaits dont le même Prince et son frère Amédée avoient comblé ce monastère, lui fit présent de l'anneau du martyr Saint Maurice, à condition qu'il passeroit successi-vement à tous les Souverains de la Savoye, ses descendans. Cette charte, datée de la 2ᵉ férie de la 4ᵉ lune an 1250, et sous le pontificat d'Innocent IV, a pour premier témoin séculier Aymon, Souverain Seigneur de Faucigny, comme il se voit aux pièces justificatives de l'Histoire généalogique de Savoye, vol. II. page 75. Il est à remarquer premièrement : que depuis l'époque de cette donation, l'anneau de Saint Maurice est devenu le principal insigne de la couronne de Savoye, car c'est par la *tradition* de cet anneau que les Souverains de cette maison royale ont toujours pris possession de leurs États. On doit considérer en second lieu, que dans tous les actes précités, la maison de Faucigny marche toujours au premier rang après celle de Savoye, et que les Souverains Seigneurs de Faucigny s'y trouvent toujours nommés pour cautions, arbitres et témoins laïcs, immédiatement après les Comtes de Savoye, et les Archevêques ou les prélats contractans. On pourroit encore observer que si les Ducs de Savoye, Rois de Sardaigne, ont presque toujours conféré l'ordre de Saint Maurice aux Comtes et Marquis de Faucigny-Lucinge, c'étoit peut-être en mémoire de cètte donation du *saint anneau*, cautionnée par le Chef de leur Maison. Aymon II fit donation de tous ses biens à sa fille Agnès de Faucigny, Comtesse de Savoye, par acte du 13 septembre 1252, en présence de Philippe de Savoye, Archevêque de Lyon, fils de Marguerite de Faucigny sa nièce, ledit acte passé sous le témoignage et les sceaux des Evêques de Genève et de Héréford. Toutes lesdites chartes sur les originaux desquels le sieur Janse, Généalogiste de la Cour de Sardaigne, et le sieur Chérin, Généalogiste et Historiographe du Roi de France, ont établi la filiation des Comtes de Faucigny-Lucinge, sont encore scellées des grands scel et contre-scel d'Aymon, Souverain Seigneur de Faucigny. On l'y voit sur le scel, armé de toutes pièces et tenant un cimeterre à la main, avec la légende *Sigillum Aymonis Domini Fucigniaci,* le revers chargé d'un écusson *pallé de six pièces d'or et de gueules*, armoiries patronimiques, et qui sont encore aujour-d'hui celles de la province de Faucigny, dans l'écu des armes de Savoye. Aymon II avoit épousé premièrement, ANNE DE WALDEBOURG, et en secondes noces AGNÈS DE CLER-MONT, dont il eut pour enfans :

1° AGNÈS DE FAUCIGNY, héritière et Dame Souveraine de cette Baronnie, laquelle épousa en février 1233, au château de Châtillon en Faucigny, Pierre I du nom, Comte de SAVOYE, Duc de Chablais, Prince de Piémont, Marquis d'Italie, Vicaire général de l'Empire, etc., lequel étoit le septième des enfans de Thomas, Comte de Savoye, et de Marguerite de Faucigny, cousine-germaine de ladite Agnès. C'est du mariage de Pierre et d'Agnès de Faucigny, qu'étoit provenue BÉATRIX DE SAVOYE, Baronne de Faucigny, laquelle épousa par contrat du mois de décembre 1241, en l'Eglise du château de Châtillon, GUY DE BOUR-GOGNE, Dauphin de Viennois, de Valentinois, de Gapençois et d'Albon. La Souveraineté du Faucigny fut ainsi portée par cette Princesse, dans la maison de Viennois, où elle est restée jusqu'en 1445, époque où le Roi Louis XI, héritier de la race Dauphine et n'étant alors que Dauphin de Viennois, céda ses droits sur le Faucigny à Louis, Duc de Savoye, pour en jouir *ainsi que leurs ancêtres* à titre de souveraineté.

2° BÉATRIX DE FAUCIGNY, femme d'Etienne de Faucigny,

Sire de Thoires et de Villars, son cousin, sœur puînée
d'Agnès Comtesse de Savoye.

3° ALIÉNOR DE FAUCIGNY, mariée à SIMON DE JOINVILLE,
Seigneur de Gex; lequel étoit frère de Jean Sire de
Joinville et Sénéchal de Champagne, auteur de la vie
de Saint Louis, comme il se voit page 279, vol. II de
l'Histoire généalogique de Savoye, par Guichenon, et
comme il est établi dans les histoires de Bresse et de
Savoye, à l'article de ces deux Princesses, apanagées
par Agnès, leur sœur.

———————

6ᵉ DEGRÉ.

RODOLPHE DE FAUCIGNY II du nom, surnommé *l'Allemand*, Sire de Lucinge et Sénéchal du pays de Faucigny,
étoit le troisième fils de Rodolphe I du nom, Souverain
Seigneur de Faucigny, et de Constance de Beauvoir. Il reçut
en apanage l'office de Sénéchal héréditaire du Faucigny,
avec les Seigneuries suzeraines de Lucinge, de Greysier, de
Chasves et de Châtillon, desquelles Seigneuries, suivant la
coutume féodale et l'usage des temps gothiques, la plupart
de ses descendans portèrent le nom sans y joindre celui de
Faucigny. Etant le 5 juillet 1207, à Bâle en Suisse, il y
conclut un traité d'alliance avec Gaucher de Bourgogne,
Seigneur de Salins, sous la garantie de Philippe, Empereur
des Romains, présent à la transaction. Rodolphe de Faucigny donnant pour ses cautions audit Seigneur de Salins,
Thomas, Comte de Savoye, son arrière-neveu; Amédée,
Archevêque de Besançon; Ludolphe, Evêque de Bâle; Ri-
chard, Comte de Montbelliard, et Rodolphe, Comte de

Hapsbourg, dont les sceaux et signets étoient encore attachés
à la même Charte, en 1640, ainsi que le témoigne Justel.
Aux ides de janvier 1221, il fit écrire et déposa sur l'autel de
l'Eglise inférieure de Notre-Dame du Reposoir en Faucigny,
monastère fondé l'an 1145, par Aymon Souverain Seigneur
de Faucigny, frère aîné du même Rodolphe, une charte par
laquelle il fait aumône aux Chartreux de ladite Eglise de son
vignoble de la Creste, pour obtenir de Dieu, le salut de son
âme, avec le repos de celles de ses ancêtres. Les témoins de
cette donation étant Guillaume, Prieur de Notre-Dame du
Reposoir; Aymon de Rumillier, Chevalier; Guillaume de
Châtillon; Michel, Boson, Berthold et autres religieux du
même couvent de Notre-Dame. Le même titre est encore
aujourd'hui chargé du sceau de Rodolphe II, et de celui
d'Aymon Souverain Seigneur de Faucigny, son neveu,
lequel est armoirié comme on l'a dit, d'un écu *pallé d'or
et de gueules de six pièces.* Celui du même Rodolphe,
marque un *Lion contourné* dont les émail ou métal, ainsi
que celui du champ de l'écu, ne sont pas restés visibles; et la
légende d'icelui porte : s. ROVLFI FVCINIACI SENESCALCI. Il eut
de sa femme BÉNÉDICTE, dont le nom de famille est oublié :

7ᵉ DEGRÉ. RODOLPHE DE FAUCIGNY III du nom, qualifié Noble,
Redoutable et Puissant Seigneur, Chevalier, Sire de Greysier
en Chablais, de Lucinge en Faucigny, et de Chasves en
Génevois, Sénéchal héréditaire du pays de Faucigny.
En 1233 au mois d'avril, il fit aumône à Dieu et aux Char-

treux de Notre-Dame du Reposoir, de tout le terrain qu'il possédoit encore au lieu de la Creste, en la paroisse de Thiet, diocèse de Genève; ladite donation faite du consentement de son fils aîné, Rodolphe de Faucigny IV du nom, Sire de Lucinge, et de l'aveu de Guillaume de Faucigny, Sire de Chasves, son second fils. Il ajoute qu'elle est ratifiée par la femme dudit Rodolphe IV, et par tous leurs enfans ses petits-fils; que la même charte doit être scellée du scel ordinaire de ses armes, de celui de son fils Rodolphe Sire de Lucinge, et que Guillaume Sire de Chasves, fils puîné du donataire, n'ayant point encore de sceau particulier, il y fait apposer celui d'Aymon Souverain Seigneur de Faucigny, leur cousin. Sous la même date, on trouve une charte de confirmation par Aymon de Bourgogne, Evêque de Genève, laquelle charte excommunie tout contrevenant à la donation de Rodolphe, Sire de Greysier, qui s'y trouve appelé *filius nobilis viri domini Rodulfi de Fuciniaco, qui dicebatur ALAMANS.* Sous la même date, il existe encore des lettres patentes d'Aymon II, Souverain Seigneur de Faucigny, par lesquelles il garantit la même donation de *Noble Seigneur Rodolphe Sire de Greysier, fils de feu Noble Seigneur Rodolphe de Faucigny, surnommé l'ALLEMAND.* Lesdites lettres sont encore scellées d'un écu *pallé d'or et de gueules,* avec la légende sigillaire mentionnée ci-dessus à l'article dudit Aymon II. Une généalogie manuscrite de la maison d'Oncieux, porte que Rodolphe, Sire de Greysier et de Lucinge, avoit épousé une fille de ladite maison, nommée Gertrude, mais le cartulaire de celle de Faucigny ne mentionne la femme dudit Rodolphe en aucune façon. Rodolphe III laissa pour fils :

1° RODOLPHE DE FAUCIGNY IV du nom, dont l'article suit celui de son frère.

2° GUILLAUME III DE FAUCIGNY, Chevalier, Sire de Chasve en Génevois, mentionné dans la donation de son père, dans l'acte confirmatif d'Aymon Evêque de Genève, et dans les lettres patentes d'Aymon Souverain Seigneur de Faucigny, l'an 1233. Guillaume avoit formé le rameau des Sires de Chasves, éteints vers le milieu du XIV siècle, en la personne de Hugues de Chasves, Archevêque de Corynthe, Camérier secret du Pape Jean XXII, son Inquisiteur pour la foi, etc.

8ᵉ DEGRE. RODOLPHE DE FAUCIGNY IV du nom, qualifié Puissant et Redoutable Seigneur, Chevalier, Sire de Lucinge, de Greysier et d'Aranthon, Mestral de Châtillon, Châtelain de Stésia, et Sénéchal héréditaire du pays de Faucigny; comparoît en accédant à la donation de Rodolphe III, son père, avec Guillaume Sire de Chasves, son frère puîné, l'an 1233, et se trouve nommé dans les deux chartes confirmatives du même acte, dont il garantit l'éxécution, avec Aymond de Bourgogne, Evêque de Genève, et Aymon II, Souverain Seigneur de Faucigny. Il avoit épousé avant l'année 1215, ELIZABETH DE BEAUVOIR, fille de Philippe Châtelain de Beauvoir, Chevalier-Banneret, et de BLANCHE ADHÉMAR, Dame de Brantes et de Saint Huruges. Rodolphe IV est mentionné dans le mémorial du chapitre de Grenoble, comme ayant légué un reliquaire d'or enrichi de pierreries, à l'Eglise cathédrale de cette ville; l'époque de sa mort est inconnue, mais il appert d'un acte passé par Guillaume III, son fils, qu'il ne vivoit plus le 19 janvier 1262. Il eut pour enfans :

1° GUILLAUME DE FAUCIGNY IV du nom, Sire de Lucinge, dont l'article suit :

2° ADALBERT DE FAUCIGNY-LUCINGE, Patriarche de Jérusalem en 1292, lequel est qualifié Chanoine et Comte de Vienne, en deux actes de 1283 et 1287.

3° IRÉNÉE DE FAUCIGNY-LUCINGE, Chevalier de la milice du Temple, Précepteur de l'Ordre en Bourgogne, Châtelain de Maulixolle et de Montagny-le-Templier, en 1285.

4° JEAN DE FAUCIGNY-LUCINGE, Prieur Conventuel de Notre-Dame du Reposoir en Faucigny, l'an 1286.

9ᵉ DEGRÉ. GUILLAUME DE FAUCIGNY IV du nom, qualifié Haut et Redoutable Seigneur, Chevalier, Sire de Lucinge, de Greysier et d'Aranthon, Châtelain de Rovorée et de Stésia, Mestral de Châtillon et Sénéchal héréditaire du pays de Faucigny. Il est nommé comme témoin dans la donation faite en 1251, par Aymon, Souverain Seigneur de Faucigny, à sa fille Agnès, et à Pierre de Savoye, son mari. En 1262, par acte passé le jour de la fête de la chaire de Saint Pierre; il vend à Illustre Dame Agnès de Faucigny, Comtesse de Savoye, Duchesse de Chablais, Princesse de Piémont, Marquise d'Italie, etc., ainsi qu'à son mari Pierre, Comte de Savoye, le château dit de Faucigny, avec les édifices appelés de Fraxino, contigus à ceux de Fisterna, moyennant la somme de XXX. livres, argent de Genève, dont il donne quittance, en s'engageant à maintenir *par la force et de tout son pouvoir*, dans la possession d'icelui château de Faucigny, les successeurs, héritiers, sujets ou vassaux desdits Illustres Seigneur et Dame. Guillaume, Sire de Lucinge, est désigné dans le codicille du testament d'Agnès de Faucigny, Comtesse de Savoye, daté du château de Faucigny, à la vigile de la fête Saint-Michel 1262, pour exécuteur de ses dernières volontés, avec Guillaume de Joinville, Archevêque et Duc de Rheims; Henry de Bourgogne, Evêque et Prince de Genève ; Gérard de Saint-Joyre, doyen de Salanche; et Simon de Joinville, Sire de Gex et de Marnay, Sénéchal et premier Baron de Champagne, lequel avoit épousé comme on l'a dit, Aliénor de Faucigny, sœur puînée de ladite Agnès. Par acte du 10 août 1265, Guillaume IV souscrit un compromis avec les mêmes Pierre Comte de Savoye, et son épouse Agnès, héritière et Dame Souveraine du Faucigny; le Sire de Lucinge ayant prétendu qu'à raison de son office héréditaire de sénéchal, il lui appartenoit de l'exercer en la province de Faucigny, depuis la forêt d'Arancin jusqu'au torrent, frontière de la Baronnie, dont la tierce partie des bans lui devoit appartenir. Qu'il devoit de plus, consentir à l'imposition des terres et présider à sa répartition ; que le Souverain du Faucigny lui devoit un *vétement neuf* toutes les fois qu'il en avoit un lui-même; enfin, que les cuirs des animaux tués en l'hôtel du Souverain devoient aussi lui revenir, ainsi que les amendes infligées à la noblesse du Faucigny, pour crimes de forfaiture ou de maléfices. Le Comte et la Comtesse de Savoye, confirmant Guillaume, Sire du Lucinge, dans sa charge de Sénéchal et les prérogatives d'icelle, à la réserve cependant du privilége invoqué par lui sur l'assiette et la répartition de l'impôt territorial; ils lui donnent huit livres par an sur leurs revenus, lui concédant par chaque année deux habits neufs et trois chevaux de service, à la condition d'entretenir la garde aux moissons et vignobles, et de fournir, tous les jours de fête de l'année, le sel nécessaire à la cuisine du Souverain, quand il se trouvera dans le pays de Faucigny. Ladite charte est scellée premièrement : d'un sceau brisé mais dont la légende qui reste visible en partie, porte † *SI-GILLUM PETRI C. DE SABAUDIA.* Celui du milieu, de forme ovale et telle que l'ont adoptée les femmes dès les temps les plus reculés, représente une princesse avec sa couronne à l'antique, soutenant à la hauteur de la tête avec ses deux mains, les écussons des armes de Savoye et de Faucigny, et cette figure principale est surmontée d'un chérubin qui tient suspendus les deux écussons. Il est à remarquer que celui de Faucigny, contre l'usage, est à la droite du sceau; il est blasonné comme celui d'Aymon II, *pallé de six pièces d'or et de gueules*, et celui de Savoye, de *gueules à la croix pleine d'argent.* On lit autour de l'empreinte †*SIGILLUM AGNETIS DOMINÆ FUCINIACI.* Le troisième sceau porte un écu *bandé de six pièces d'or et de gueules*, avec la légende *SIGILLUM D. VULIELMI DE LUCINGIO* †. ELIÉNOR, épouse de Guillaume IV, comparoît avec leurs enfans dans un grand nombre d'actes, ainsi qu'il se verra dans les articles suivans, mais le nom de sa famille est inconnu. De ce mariage il étoit provenu dix enfans, savoir :

1° HUMBERT DE FAUCIGNY, Sire de Lucinge, qui suit :

2° AYMON DE FAUCIGNY III du nom, Chevalier, co-Seigneur de Lucinge et Seigneur d'Aranthon en Faucigny; lequel épousa vers l'an 1302, MARGUERITE de MONTFALCON. Ce sont les auteurs de la branche d'Aranthon, qui s'éteignit à la fin du XVIIᵉ siècle. Le fils aîné d'Aymon III, nommé Jean de Lucinge, Chevalier, Seigneur d'Aranthon et de Brison, épousa LOUISE de MENTHON, des Comtes de Montrostier; d'où naquit Michel de Lucinge, Seigneur d'Aranthon et de Brison, Vidame de Genève et Châtelain de Ripaille; lequel épousa Charlotte de FOVRALS, fille de Louis, Seigneur de Bornœuf et de Baleyson, et de Jeanne d'ARLOS de CHAREYSIA, du mariage de Michel avec Charlotte de Fovras, il étoit provenu, 1° Philippe de Lucinge, Chevalier, Seigneur d'Aranthon, Brison, Bornœuf et autres lieux, Chevalier de l'ordre de Saint Maurice, etc. 2° François de Lucinge-d'Aranthon, Chevalier de l'ordre de Saint Jean de Jérusalem de Rhodes en 1479. Nostradamus, en son Histoire de Provence, rapporte que Louis Duc d'Anjou avoit désigné François de Lucinge-d'Aranthon, pour un des Chevaliers qui devoient disputer pour lui la possession du royaume de Naples, contre

les dix champions nommés par Charles son compé-
titeur. Il nomme aussi parmi les dix champions du
même Duc d'Anjou, Amé VII, Comte de Savoye,
et Odon de Faucigny-Villars, Comte d'Avelin, de
Genève et de Beaufort. Aymon III, co-Seigneur de
Lucinge, avoit eu de Marguerite de Montfalcon, pour
second fils, Pierre de Faucigny-Lucinge, Chevalier, lequel comparoît avec Louis de Faucigny-
Villars, Cardinal, Évêque de Valence et de Die, dans
un acte de l'an 1377. Le même Pierre est également
cité comme témoin dans plusieurs titres avec son oncle
François, dont l'article suit :

3° François de Faucigny-Lucinge I du nom, Chanoine
et grand Prevôt de l'Église Cathédrale de Genève,
Seigneur d'Arcine, des Entremonts, de Beuges et
autres lieux en Génevois. Il transigeoit avec Amédée,
Comte de Genève, en 1296, le 17 mars ; et recon-
noissant tenir de lui son château fort d'Arcine, il
lui prêta, pour lui et pour ses héritiers, foi et hommage lige, excepté la fidélité qu'il devoit aux Barons
de Faucigny, ses Souverains Seigneurs. François,
Seigneur d'Arcine, institua pour son héritier, son
arrière-neveu, Jean de Faucigny, Sire de Lucinge,
surnommé le *Bocquéran*, ainsi qu'il sera plus am-
plement rapporté dans l'article dudit Seigneur.

4° et 5° Raymond et Guillaume de Faucigny-Lucinge,
Damoiseaux, lesquels se trouvent nommés dans une
sentence arbitrale de la Dauphine Béatrix de Savoye,
ainsi que dans plusieurs chartes de 1276 à 1302.

6° 7° 8° 9° et 10° AGNÈS, BÉATRIX, AMPHELISE, MARGUE-
RITE et ISABELLE DE FAUCIGNY-LUCINGE, lesquelles sont
nommées avec leur mère Eliénor, dans les actes
précités.

10ᵉ DEGRÉ. HUMBERT DE FAUCIGNY-LUCINGE II du nom, qualifié,
Très Noble et Puissant Seigneur, Chevalier, Sire de Lu-
cinge et d'Aranthon, Châtelain de Rovorée et de Stésia,
Mestral de Châtillon et Sénéchal héréditaire du pays de
Faucigny; il étoit le fils aîné de Guillaume III, Sire de
Lucinge, et de sa femme Eliénor. Il paroît qu'immédiatement après la mort de Guillaume, son père, et pendant sa
minorité, la Dauphine Béatrix, héritière et Baronne de
Faucigny, exigea qu'il se démît de son office de Sénéchal.
Malgré les poursuites judiciaires et les protestations réitérées de
sa mère Eliénor, Humbert fut obligé de renoncer à cette partie
de son apanage, ainsi qu'il appert d'un compromis de
l'an 1276; ayant pour cautions Guillaume Seigneur de
Bertandi, Chevalier; Humbert d'Alloverdo, Gardien des
frères Minimes; Pierre de Barrol, Châtelain de Beauvoir;
Jacques Seigneur de Bellegarde; Humbert Sire de Rocillion
et plusieurs autres témoins. Par titre du 15 juillet 1296, et
daté de la *Salle neuve du Château, à Bonneville, capitale
du Faucigny*, Humbert donna quittance à la même Béatrix
de Savoye, Dauphine de Viennois et Baronne de Faucigny,
pour tout ce qu'il pouvoit avoir à prétendre sur la succession

4

de Raymond Seigneur de Rovorée, tant en son nom qu'en celui de ses frères Aymon; Raymond; François, Grand-Prevôt de l'Eglise de Genève, et Guillaume de Lucinge; Chevaliers ou Damoiseaux, moyennant cent livres, argent de Genève, qu'il reconnoît avoir reçues de la Dauphine, en espèces courantes. Il avoit épousé Très Noble Dame MARTHE DE SAINT GEORGES, et tous les deux ne vivoient plus en l'année 1302, comme on l'induit d'un acte ci-dessous rapporté. Ils avoient eu pour enfans :

1° FRANCOIS DE FAUCIGNY-LUCINGE, dont l'article suit :

2° ETIENNE DE FAUCIGNY-LUCINGE, Damoiseau, lequel transigeoit avec Hugues, Dauphin de Viennois et d'Albon, par titre de l'an 1324. Il étoit veuf d'ÉLIANE, Dame de ROVORÉE, dont il avoit eu pour fils unique JEAN DE FAUCIGNY-LUCINGE, Châtelain de Rovorée, en Faucigny, Seigneur de Coppet, au pays de Vaud, Chanoine et Comte de Lyon en 1378 et 1380. Severt observoit qu'à l'époque où Jean de Lucinge entra au chapitre primatial de Lyon, il s'y trouvoit parmi les chanoines un fils d'Empereur, neuf fils de Rois, quatorze de Ducs, trente de Comtes, et que les vingt autres stalles étoient remplis par la plus haute noblesse de France, d'Allemagne et de Savoye.

FRANÇOIS DE FAUCIGNY-LUCINGE II du nom, qualifié Noble et Puissant Seigneur, Chevalier, Sire de Lucinge et d'Aranthon, Châtelain de Stésia, etc., lequel, par sentence arbitrale de l'an 1502, céda le château-fort de Rovorée à la Dauphine Béatrix, Dame de Faucigny, en avouant tenir d'elle en fief lige et noble les châteaux, forteresses et Seigneuries de Lucinge et d'Aranthon, jusqu'alors indépendantes, et ne relevant que de l'Empire à titre de suzerainetés; la Dauphine exigeant de François Sire de Lucinge, et d'Étienne son frère, qu'ils lui prêtassent foi et hommage avec serment de fidélité, et qu'ils obligeassent leurs descendans aux mêmes services, à chaque mutation de Seigneur ou de vassal, sous peine de confiscation de leurs biens. Après la mort de Béatrix de Savoye, le Sire de Lucinge intenta procès au Dauphin Hugues, son fils et son héritier, en arguant de violence et de faux sur les renonciations au Sénescallat de Faucigny et à la Mestralie de Châtillon; réclamant contre la cession forcée du château de Rovorée, et les autres extorsions de la Dauphine, implacable ennemie des Sires de Lucinge. Par transaction du dimanche avant la Purification de Notre-Dame en 1324, Hugues Dauphin, Souverain Seigneur de Faucigny, de l'avis et consentement de Henry Dauphin, Évêque de Metz et Régent du Dauphiné, son frère; et de Jean, Dauphin de Viennois, de Valentinois, de Gapençois, et de Diois, Comte d'Albon et Sire de La Tour-du-Pin, leur neveu, accorde et restitue aux Seigneurs François Sire de Lucinge, Chevalier, et à son frère Étienne de Lucinge, Damoiseau, la juridiction de haute justice *Omni modo, mere, mixte et impere,* à l'exception du droit de vie et de mort qu'il se réserve, leur abandonnant les biens confisqués par les juges de leurs cours, mais exigeant d'eux l'hommage noble de leurs Seigneuries, et promettant leur faire compter pour marque de la grande considération qu'il a pour eux deux cents livres, argent de Genève, à la première réquisition desdits Seigneurs. En 1326, le samedi avant la fête de Saint-Jean-Baptiste, à Grenoble, Henry Dauphin, Évêque de Metz et Prince de l'Empire, Régent du Dauphiné, Baron de Montauban, de Médullion, etc., ratifie la transaction susdite, et disant que le sceau dont il se servoit comme Evêque de Metz s'étoit incontinent rompu, il y fait apposer celui de sa Baronnie de Montauban. Sous la même date, à Grenoble, Guy, Dauphin de Viennois, Comte d'Albon, Sire de La Tour, etc., *loue, approuve et confirme où besoin sera, les choses arrêtées par ses chers oncles paternels,* et fait apposer à ladite transaction son sceau Delphinal. François de Faucigny-Lucinge épousa l'an 1338 MARIE DE COUCY, laquelle étoit tante de Lancelot de Coucy, Damoiseau, Sire de Châteauvieux en Bresse, ainsi qu'il appert d'un titre cité par Chorier. De ce mariage il fut issu les quatre enfans qui suivent :

1° JEAN DE FAUCIGNY-LUCINGE, qui suit et continue la postérité.

2° JACQUEMET DE FAUCIGNY-LUCINGE, Damoiseau, qui

comparoît dans un titre du 1er mars 1400, avec Jean, son frère aîné.

3° BENOIT DE FAUCIGNY-LUCINGE, Abbé de Lure et Prince du Saint Empire Romain, lequel fonda un obiit en sadite Église abbatiale, pour le repos de l'âme de François son père, de Marie sa mère, et de Humbert, Sire de Lucinge, son aieul.

4° HUGUES DE FAUCIGNY-LUCINGE, Grand Chancelier de Savoye en 1399, Chevalier de l'Annonciade et de Saint-Jean de Jérusalem.

JEAN DE FAUCIGNY-LUCINGE II du nom, surnommé *le Bocquéran*, fils aîné de François, Sire de Lucinge, et de Marie de Coucy, se trouve qualifié Haut et Puissant Seigneur, Chevalier, Sire de Lucinge, Seigneur d'Arcine, de Beuges, des Entremonts-lez-Génevois et autres lieux. Par un compte de Jean Bombat de Divonne, Garde-des-Sceaux et receveur des lods et ventes de la Baronnie de Faucigny, il appert que de l'an 1400 à l'année 1405, Jean de Faucigny-Lucinge, avec Jacquemet son frère, avoient payé la somme de 280 florins d'or, pour les droits de ce qu'ils avoient acquis de feu Guillaume de Genesy, Seigneur de Clairfont. Jean premier vendit la Seigneurie d'Arcine en Génevois, avec les fiefs d'Entremont dont

il avoit hérité de son grand-oncle François de Faucigny-Lucinge, Chanoine et Grand-Prevôt de l'Église de Genève, aux
auteurs de noble Jacques de Verboult, ainsi qu'il est prouvé par
lettres-patentes de Janus de Savoye, Comte de Génevois,
Baron de Faucigny et de Beaufort, lequel acte confirme
postérieurement ladite vente en 1471. Il avoit épousé
FÉLIXONNE DE LUCINGE D'ARANTHON, Dame de Sales,
de Traves et de Bertilly, dont il eut pour fils unique

13ᵉ DEGRÉ.

JEAN DE FAUCIGNY-LUCINGE III du nom, qualifié
Haut et Puissant Seigneur, Chevalier, Sire de Lucinge,
Seigneur de Sales, de Traves, de Bertilly et de Monthyon,
Châtelain de Beuges, de La Roche-sur-Arve, etc. Louis,
Dauphin de Viennois, Baron de Faucigny, qui fut depuis
Louis XI du nom, Roi de France, ayant cédé le pays de
Faucigny au Duc Louis de Savoye, ce fut le Duc Amédée VIII
qui se trouva Seigneur Suzerain de Jean II, Sire de Lucinge.
Par un compte du Trésorier-Général de Savoye de l'année
1423 à 1424, on voit qu'il paya l'amende de cent vingt écus
d'or pour avoir négligé ou refusé de prêter foi et hommage
au Duc de Savoye son nouveau Soûverain. Par lettres-patentes
du même Prince, il est confirmé dans ses juridictions héréditaires de haute justice *Omni modo, mere mixte et
impere*, avec *le droit de glaive* et d'infliger le dernier sup-
plice aux vassaux de ses terres de Lucinge, de Sales, de
Traves et autres Seigneuries, tant de l'héritage de ses aieux

paternels que de celui de Félixonne de Lucinge sa mère ; le Seigneur Duc augmentant les possessions d'icelui Sire de Lucinge de plusieurs autres Seigneuries, sans autres charges que l'hommage noble, lige et direct envers la couronne de Savoye. Ladite charte signée d'Entermet de Spina, Secrétaire du Duc, et datée du Château d'Évian le 15 Février 1424. Par titre du jour de Saint Joseph en l'année 1429, il fonda à perpétuité dans l'Eglise de Notre-Dame du Reposoir en Faucigny, avec HONORATE GRIMALDI, son épouse, une messe solennelle en action de grâces ; et donne pour cette fondation le manoir dit de Sybuera avec son entrée sur la route et le terrain qui dépend de ce fief. Honorate Grimaldi étoit la quatrième fille de Jean Grimaldi, des Princes de Monaco, Chevalier, co-Seigneur d'Antibes, etc., et de BLANCHE DORIA, des Marquis d'Oneille. Jean III de Faucigny mourut vers l'an 1445 et laissa les enfans qui qui suivent.

1° ÉTIENNE DE FAUCIGNY-LUCINGE dont l'article suivra celui de ses frères.

2° PERCEVAL DE FAUCIGNY - LUCINGE, Abbé de Saint-Etienne de Verceil en 1459.

3° LOUIS DE FAUCIGNY-LUCINGE II du nom, Chevalier, lequel est nommé dans un grand nombre de titres cités par Guichenon dans son Histoire de Bresse.

4° et 5° JEAN et CLAUDE DE FAUCIGNY-LUCINGE, Ecuyers, lesquels sont compris avec Etienne et Louis leurs

frères, dans un acte qu'on va citer à l'article du même
Etienne leur frère aîné.

* * *

14ᵉ DEGRÉ.   **ETIENNE DE FAUCIGNY- LUCINGE**, qualifié Haut et
Puissant Seigneur, Chevalier, Sire de Lucinge, Seigneur
de Sales, de Traves, de Bertilly et de Monthyon, Châtelain
de Beuges, de la Balme en Génevois, de La Roche-sur-Arve
et autres lieux, Chevalier de l'ordre de Saint-Maurice,
Conseiller et l'un des Maîtres de l'Hôtel de Louis, Duc de
Savoye, Grand-Ecuyer d'Annabelle d'Ecosse, femme de Louis
de Savoye, Roi de Chypre, Conseiller du même Prince en
son conseil étroit, etc. Par compte du 3 novembre 1446
jusqu'à pareil jour de l'année suivante, le Trésorier-Général
de Savoye reconnoît avoir reçu d'Etienne, Louis, Jean et
Claude, fils de feu Jean, Sire de Lucinge, Chevalier, pour
les subsides auxquels ils sont tenus envers le Duc de Savoye,
et comme ayant obtenu de lui sur leurs vassaux la juridiction
mere, mixte et impere, avec *le droit de glaive*, ainsi qu'il
conste d'un accord fait à Genève entre le Seigneur Duc et
lesdits Seigneurs de Lucinge, la somme de quarante florins,
petit poids. Par contrat du 11 septembre 1449, Etienne
confirma la cession du château-fort de La Roche, avec ses
droits féodaux, biens fonciers, redevances et tout ce qui
lui pouvoit appartenir dans le Mandement et Châtellenie [de
La Roche, à noble Seigneur Boniface du Saix, Chevalier,
moyennant la somme de trois cent cinquante florins d'or.

En 1455, il fut un des Seigneurs qui jurèrent pour le Duc Louis de Savoye l'exécution du traité qu'il venoit de conclure avec le Roi de France Charles VII. Il épousa l'an 1456 Très Haute et Très Noble Damoiselle CATHERINE DU SAIX, d'une illustre et ancienne maison du Comté de Bresse, issue de Hugues, Sire du Saix, Chevalier, qui vivoit en l'année 1060, comme il se voit en sa généalogie, page 349 de l'Histoire de Bresse et de Bugey. Ladite Catherine étoit fille de Claude du Saix II du nom, Chevalier, Baron du Saix et de Tramellay, Seigneur de Rivoyre, de Visremond, de Corrobert et autres lieux, Chevalier de l'Annonciade de Savoye, Doyen de l'ordre de Saint-Maurice, Lieutenant Général du Duc de Savoye deçà et delà la rivière d'Ain, Régent des Principautés de la Morée et d'Achaïe, (comme tuteur du Prince Amédée de Savoye,) Gouverneur des ville et château de Nice, etc., et de MARGUERITE DE JUITS DE LA BASTIE DE BELVEY, son épouse. Etienne Sire de Lucinge et Catherine du Saix testèrent le 2 septembre 1458, et nommèrent dans leur testament les enfans qui suivent :

1° HUMBERT DE FAUCIGNY-LUCINGE III du nom, dont l'article va former le quinzième degré de la présente généalogie.

2° JEAN IV DE FAUCIGNY-LUCINGE, Ecuyer, l'un des héritiers universels de ses père et mère.

3° LOUIS DE FAUCIGNY-LUCINGE III du nom, Ecuyer, mentionné par le testament d'Etienne et de Catherine du Saix comme un de leurs héritiers universels.

5

4° ETIENNE DE FAUCIGNY-LUCINGE, Grand-Prieur d'Ambronay et Protonotaire apostolique.

5° EUSTACHIE DE FAUCIGNY-LUCINGE, Abbesse de Sainte-Croix-du-Mont.

6° PERCEVALLE DE FAUCIGNY-LUCINGE, Religieuse au Prieuré de Meslan.

7° AYMÉE DE FAUCIGNY-LUCINGE, veuve de Don Pedro CARPIGLIONA DI ROSTERNO.

8° PERNELLE DE FAUCIGNY-LUCINGE, femme de Noble Aymon du COLLENDIER, Ecuyer de Louis de Savoye, Prince d'Antioche.

15ᵉ DEGRÉ   HUMBERT DE FAUCIGNY-LUCINGE III du nom, qualifié Haut et Puissant Seigneur, Chevalier, Sire de Lucinge, Seigneur de Saint-Siergues, de Chasteaublanc et de Vallon, Ambassadeur de Louis Duc de Savoye auprès du Pape Calixte en 1458, et Gouverneur général du pays de Bresse, par lettres patentes de 1482. Il avoit épousé par contrat du 10 mai 1477, Très Noble Damoiselle CLAUDINE LE FRANÇOIS, Dame des ALYMES, fille unique de T. N. Seigneur Amédée Le François, Chevalier, Seigneur des Alymes et de Montuerd, et de T. N. Dame LOUISE DE MARCEY, ledit mariage ayant

eu pour témoins au Château du Pont-d'Ain, H. et P. Prince
Philippe de Savoye, Comte de Bresse; Sybault de Loriol,
Chancelier de Chypre; Georges, Sire de Chasteauvieux, etc.
Humbert III testa le 14 juin 1486, et fit exécuteurs de ses
volontés Antoine Seigneur de Genost, Chevalier; Jean de Lo-
riol Seigneur de Chasles, et Antoine Seigneur de Varax et de
Romans, Grand Bailli de Bresse. Humbert III écartela ses
armes de celles des Alymes, qui sont *d'argent à trois fasces
de sinople*, ainsi qu'il appert des armoiriaux de Bresse et de
Bugey. Il avoit eu pour enfans,

1° BERTRAND DE FAUCIGNY-LUCINGE qui continue la
filiation.

2° LOUISE DE FAUCIGNY-LUCINGE, laquelle épousa Bernard d'AGLIÉ, des comtes de SAINT-MARTIN, Sire de
Rozey en Canavez.

3° DENYSE DE FAUCIGNY-LUCINGE, femme de François
de MONTFERRAND, Chevalier, Sire de Château-Gaillard
et de Miradour.

4° PERNELLE DE FAUCIGNY-LUCINGE, Abbesse de Châ-
teau-Châlons.

5° CHARLOTTE DE FAUCIGNY-LUCINGE, Religieuse à
l'Abbaye de Salettes en Dauphiné.

E. BERTRAND DE FAUCIGNY-LUCINGE, qualifié Haut et Puissant Seigneur, Chevalier, Sire de Lucinge, Seigneur des Alymes, de Saint-Siergues, de Chasteaublanc, de Vallon, de Montuerd et autres lieux, Chevalier de l'ordre de Saint-Maurice, Conseiller et Chambellan du Duc de Savoye Charles-le-Bon, Cheftaine des Gentilshommes de son hôtel, etc. Il fut témoin d'une concession faite par Charles Duc de Savoye à Guillaume Sire de Vergy, le 2 février 1519, en présence de Claude de Seyssel, Archevêque de Turin, et de Jacques de Myolans, Comte de Montmayeur. Après la conquête des Etats du Duc Charles par le Roi François I il accompagna le Duc en Flandre, où il prit pour femme Haute et Puissante Damoiselle ANNE DE GAVRE, fille d'Arnould de Gâvre, Chevalier-Banneret, Baron d'Escornais, Châtelain de Stanewelde, Pair de Flandre, et Grand Forestier de Haynault, laquelle etoit sœur puînée de Jeanne de Gâvre, femme de Victor de Flandre, Baron d'Ursel et Sire de Wesseyghem, ainsi qu'il appert de la Généalogie de M. le Prince de Gâvre, Grand Maréchal de la Cour de Brabant, Gouverneur Général, Souverain Bailli de Namur, etc. (Manus. de D. L. de Villevieille à la bibl. du Roi.) Bertrand Sire de Lucinge eut quatre enfans d'Anne de Gâvre, dont il étoit veuf le 8 avril 1520. Par contrat du 19 décembre 1522, il épousa dans la chapelle du palais épiscopal d'Ivrée, en présence de Claude de Stavayé, Evêque et Prince de Belley, Chancelier de l'ordre de Saint-Maurice; de Pierre de La Baulme de Montrevel, Evêque et Prince de Genève; de Louis de Châtillon Seigneur de Musignan, Grand-Ecuyer de Savoye; de Bertolin de Montbel Seigneur de Frusasque, Grand-Maître de la Cour et autres Seigneurs, Très Illustre Dame Dona GUYOMARE CONSTANCE MENICIE DE CARDUSE DE MENEZÈS DE CASTRO, etc., Dame d'Honneur de l'Infante Béatrix de Portugal, fille du Roi Dom Manuel-le-Grand, et femme de Charles Duc de Savoye III du nom. Guyomare de Carduse étoit fille de Dom Sébastien Gonsalve de Carduse, de Menezès, de Castro, de Mascarégnas et de Sylva-Tavora, Seigneur de Carduse et de Fonte-Mayor, Grand-Alcaide de Viseo, Commandeur de l'ordre de Saint-Jacques, et de Dona Marie Archangelle de PORTUGAL DE SOUZA DE BRAGANCE ET DE MELLO, laquelle étoit issue du Roi de Portugal Alphonse III, et se trouvoit cousine au quatrième degré de l'Infante Béatrix Duchesse de Savoye, ainsi qu'il se voit en la Généalogie des Rois de Portugal, Hist. G. du P. Anselme, vol. 1, p. 583 et chap. suivans. Bertrand Sire de Lucinge testa le 5 février 1527, et Dona Guyomare de Carduse le 4 septembre 1531. De ces deux alliances il étoit provenu les enfans qui suivent:

DU PREMIER LIT.

1° MARGUERITE DE FAUCIGNY-LUCINGE, laquelle épousa François de Faucigny-Lucinge, Chevalier, Sire d'Aranthon et de Brison.

2° et 3° CLAUDINE et MARIE DE FAUCIGNY-LUCINGE,

dont l'existence n'est connue que parce qu'elles se trouvent nommées dans le testament de leur père.

4° AMBLARD DE FAUCIGNY-LUCINGE, Chevalier, Sire de Lucinge, Seigneur de Saint-Siergues, Chasteaublanc, Vallon, Montuerd et autres lieux, lequel vivoit encore en 1550 avec MARIE DES AMANIEUX son épouse, dont il laissa pour fils unique Philibert de Faucigny-Lucinge, Prieur Commendataire de N. D. de Chavanost en Dauphiné, premier Aumônier de la Reine de France Eléonore d'Autriche, etc.

ENFANS DU SECOND LIT.

5° CHARLES DE FAUCIGNY - LUCINGE, qui continue la postérité.

6° BÉATRIX DE FAUCIGNY-LUCINGE, Abbesse du Paraclet, Prieure de Salettes, etc.

7° MARIE DE FAUCIGNY-LUCINGE, Damoiselle des Alymes et fille d'Honneur de Marguerite de France, Duchesse de Savoye, morte sans alliance, ainsi que le portoit son épitaphe en l'Eglise de N. D. du Reposoir.

17ᵉ DFGRÉ. CHARLES DE FAUCIGNY-LUCINGE III du nom, qualifié Haut et Puissant Seigneur, Chevalier, Sire de Lucinge, Seigneur des Alymes, de Chasteaublanc, Vallon, Montuerd et autres lieux. Le Roi François I ayant déclaré la guerre au Duc de Savoye, et s'étant saisi des pays de Bresse et de Bugey, comme héritier de Louise de Savoye sa mère, à qui l'on refusoit le Comté de Nice, Philibert de Faucigny, premier Aumônier de la Reine de France, et oncle de Charles Sire de Lucinge, prêta foi et hommage au même Roi Fràn-çois I, comme tuteur de son neveu, *le Seigneur des Alymes en Bugey*, par acte du 29 août 1556. Loin d'accéder à l'acte d'aveu de son tuteur, Charles III entreprit de servir le Duc Emmanuel de Savoye son Prince naturel, et forma le projet de s'emparer de la ville de Lyon. Il milita sous les ordres du Baron de Polvilliers, Général du Saint-Empire, en qualité de Maréchal de Bataille; il fut blessé dans plus de vingt rencontres et notamment d'un coup de pertuisane au siége de Bourg. Cependant le Parlement françois établi à Chambéry condamna le Sire de Lucinge à être décapité, ce qui fut exécuté seulement en effigie; mais on confisqua tous les biens de sa famille, et ses châteaux-forts des Alymes et de Montuerd en Bugey furent démolis par les troupes de l'Amiral Chabot. A la restitution des États de Savoye par Henri II, le Duc Emmanuel recouvra ses droits sur la Bresse, et son premier acte d'autorité fut d'y rétablir en tous leurs biens

Charles Sire de Lucinge et ses adhérens : savoir, Pierre de
Granger, Seigneur de Champremont et de Myons; Claude du
Puy de Martel, Chevalier; Réné de Buscard de Lyathold,
Ecuyer, et le Capitaine Verdet, ainsi qu'il appert des lettres
patentes registrées au Sénat de Chambéry le 17 avril 1559. Par
acte du 14 août 1563, il acquit de noble André de Varembon,
Ecuyer, la Seigneurie de la Thuilerie de Torcieu dont il
disposa par testament daté du 2 juillet 1564. Il avoit épousé
par contrat passé le 15 juillet 1550 ANNE DE LYOBARD,
fille de T. H. et P. Seigneur Claude de Lyobard, Chevalier,
Seigneur du Chastellard, de la Motte-Lyobard et de la Pallu,
Gentilhomme de la Chambre et premier Pannetier du Roi
François I, Chevalier de son ordre et Capitaine de cinquante
arquebusiers de ses ordonnances ; et de T. N. Dame
ISABELLE DE CHATEAUNEUF-VINTIMILLE-LASCARIS, son
épouse, laquelle étoit issue de Léonor des Comtes de Vinti-
mille, Chevalier, Vicomte de Châteauneuf, et de Catherine
LASCARIS des Empereurs d'Orient. Ladite Dame de Lucinge
ayant pour frère aîné Hercule René de Lyobard, Baron de
Bréon et Grand Chancelier de Savoye en 1580. Du mariage
de Charle Sire de Lucinge et d'Anne de Lyobard, provinrent
les enfans qui suivent :

> 1° RENÉ DE FAUCIGNY-LUCINGE I du nom, surnommé *le
> Docte*, qualifié Haut et Puissant Seigneur, Chevalier,
> Seigneur des Alymes, de Montrosa, de Luysandre,
> de Chasteaublanc, de Vallon, de Montuerd, de la
> Thuilerie, de Torcieu, des Marches, de Montdragon
> et autres lieux, Grand Référendaire et Grand-Maître

de l'hôtel du Duc de Savoye, son Conseiller d'Etat,
son Ambassadeur ordinaire auprès du Roi de France
Henri IV, etc. En 1572 il avoit été combattre les
Turcs avec Charles de Lorraine Duc de Mayenne,
assisté de trois cents Gentilshommes françois, pié-
montois et bressans. Ce fut lui qui signa la paix de
Lyon, ainsi que le traité d'échange de la Bresse et du
Bugey, contre le Marquisat de Salmes, entre le Roi
de France Henri IV et le Duc de Savoye Charles-
Emmanuel. Il a laissé plusieurs ouvrages imprimés à
Paris, à Lyon et à Chambéry, dont les principaux
sont intitulés *Considérations sur la puissance de
l'Empire Turquesque; Mémoyres de la négotia-
tion de la paix de Lyon; Rerum penè toto orbe
gestarum Epitome anno 1572, usque ad annum
1585; Traité touchant le mespris du monde; Les
Mémoires de la Ligue, par dialogues d'un François et d'un Savoyard,* ouvrage remarquable, et de
qui les auteurs de la Satyre Mœnippée semblent avoir
emprunté plusieurs de leurs traits.les plus piquans.
Enfin le dernier ouvrage du Seigneur des Alymes a·
pour titre *Rerum toto orbe gestarum commentarii,*
et l'on y peut trouver autant de savoir et de supé-
riorité de jugement que de finesse dans les observa-
tions. Il avoit épousé H. et P. Damoiselle FRANÇOISE DE
MONTROSA, unique héritière de sa maison. Entre autres
enfans, il étoit provenu de ce mariage Emmanuel de
Faucigny - Lucinge, Seigneur des Alymes et de
Montrosa, qui fut député par la noblesse des provinces
de Bresse et pays de Valromey, pour féliciter le Roi

de France Henri IV, au sujet de son entrée dans Paris
en l'année 1594. Il avoit fait alliance avec T. N. Damoiselle CATHERINE DU PUY DE MARTEL, dont il n'eut
qu'une fille, appelée FRANÇOISE DE FAUCIGNY-LUCINGE,
mariée à H. et P. Seigneur, Pierre de MONTFORT, Sire
de Montfort en Savoye, Baron du Crest en Génevois,
Seigneur de Myonnas, d'Hoblast et autres lieux.

2° JEAN DE FAUCIGNY-LUCINGE, qui continuera la filiation.

3° EMMANUEL II DE FAUCIGNY-LUCINGE, Chevalier-Profès et Commandeur de l'ordre de Saint-Jean de Jérusalem, Commandeur et Seigneur de Sainte-Anne en
Chablais et des Echelles en Dauphiné, lequel est
nommé dans le testament de Charles III son père, qui
lui lègue la Seigneurie de la Tuilerie de Torcieu.

4° GEORGES DE FAUCIGNY-LUCINGE, qualifié Redoutable, Vénérable et Religieux Seigneur, Chevalier-Profès et Grand Prieur de l'ordre militaire et hospitalier de Saint Jean de Jérusalem de Malte, Ambassadeur de l'Eminentissime Grand-Maître auprès de la
Sérénissime République de Venise, etc.

5° CLAUDE DE FAUCIGNY-LUCINGE, Prieur de Lorette
et Haut-Doyen de l'Abbaye d'Ambronay.

18ᵉ DEGRÉ.

JEAN DE FAUCIGNY-LUCINGE V du nom, surnommé *le Chasseur*, Ecuyer, Seigneur de Gy et de la Mothe-Gérès, Grand Louvetier de Bourgogne et de Bresse, lequel étoit le second fils de Charles Seigneur des Alymes et d'Anne de Lyobard. Il épousa le 9 août 1581 Noble Damoiselle BARBE DE GÉRÈS, fille unique et héritière de Messire Philibert de Gérès, Ecuyer, Seigneur de la Mothe-Gérès et de T. N. Dame ANGÉLIQUE DE BELLEGARDE. Il mourut avant son père ayant eu pour enfans,

1° JEAN DE FAUCIGNY - LUCINGE VI du nom, qualifié Haut et Puissant Seigneur, Chevalier, Comte de Lucinge, Seigneur de Gy, de Varans, de la Balme et autres lieux, Chevalier de l'ordre royal et religion sacrée des SS. Maurice et Lazare de Savoye, lequel ayant épousé H. et P. Damoiselle Isabelle de ROVOREE DE MONTBURON, forma la branche aînée, dont le Seigneur Marquis de Lucinge, Chevalier de l'Annonciade et Gouverneur de Turin, étoit le dernier mâle.

2° RENÉ DE FAUCIGNY-LUCINGE II du nom, dont l'article suit.

19^eDEGRÉ.

RENÉ DE FAUCIGNY-LUCINGE II du nom, qualifié Haut et Puissant Seigneur, Chevalier, Vicomte de Lompnes, Seigneur des Alymes, de la Mothe-Lucinge, de la Thuilerie de Torcieu, de Luysandre, des Marches-sur-Isère, etc., lequel forma la branche cadette fixée en Bresse aujourd'hui la seule existante. René II avoit épousé par contrat du 3o mai 1609, Haute et Puissante Damoiselle HONORATE DE GALLES, fille de H. et P. Seigneur Laurent de Galles, Chevalier, Seigneur de Mestral et d'Urrières, Gentilhomme de la chambre du Roi, Chevalier de son ordre et Capitaine de cent hommes d'armes de ses ordonnances, et de H. et P. Dame Anne de Lattier, Dame d'Urrières en Dauphiné. Ils eurent pour enfans,

1° FRANÇOIS DE FAUCIGNY - LUCINGE III du nom, Vicomte de Lompnes, mort sans alliance en 1645, à Saint-Jean-de-Losne, à la suite des blessures qu'il avoit reçues à la bataille de Noordlingen.

2° LOUIS IV DE FAUCIGNY-LUCINGE, qui continue la filiation.

3° ANNE DE FAUCIGNY-LUCINGE, femme de H. et P.

Seigneur Claude de Rochefort d'Ally, Chevalier,
Baron de Cénérest en Gévaudan, Seigneur d'Ally,
de Saint-Poinct, de Montferrand et de Saint-Chesly,
Gouverneur de Saint-Jean-de-Losne, etc.

20ᵉ DEGRE. Louis de Faucigny-Lucinge IV du nom, qualifié Haut
et Puissant Seigneur, Chevalier, Vicomte de Lompnes,
Seigneur des Alymes, de la Mothe-Lucinge, de Luysandre
et autres lieux ; étant Lieutenant dans la compagnie de François, Vicomte de Lompnes, son frère, il eut le bras gauche
cassé d'un coup de mousquet à la bataille de Noordlingen, et
le 8 février 1646 il eut le bras droit emporté d'un coup de
canon au siége de Dunkerque, étant alors Capitaine au Régiment de Conti. Par brevet du 20 janvier 1656 il fut pourvu
d'une compagnie au régiment Royal Infanterie, sous le com-
mandement du Seigneur de Rochefort d'Ally, son beau-frère,
auquel il succéda comme Colonel du même régiment. Le Roi
Louis XIV ayant convoqué, en 1675, le ban et l'arrière-ban
de sa noblesse, Louis Vicomte de Lompnes fut choisi pour
commander la noblesse des provinces de Bresse, de Bugey
et de Gex, sous les ordres du Maréchal de Rochefort. Il
mourut âgé de 77 ans, en son château de la Mothe-Lucinge
en Bresse, le 10 septembre 1706. Il avoit épousé, par contrat
passé le 19 octobre 1666, Haute et Puissante Damoiselle

LAURE DE GUESTON DE CHASTEAUVIEULX, fille de Messire Barthélemy de Gueston, Chevalier, Comte de Chasteauvieulx, etc., et de H. et P. Dame Jeanne-Marie Pellost, laquelle étoit fille de Messire Louis Pellost, Chevalier, Marquis d'Orville et premier Président du Parlement de Normandie. Du mariage de Louis de Faucigny-Lucinge et de Laure de Chasteauvieulx, furent issus les enfans qui suivent :

1° JOSEPH POMPONE DE FAUCIGNY-LUCINGE, dont l'article suit.

2° JOACHIM-MAURICE-AMÉDÉE DE FAUCIGNY-LUCINGE, Abbé commendataire de N. D. la Grande et Vicaire-Général du diocèse de Poitiers, Evêque élu de Mâcon, et mort en 1722 avant d'avoir pu prendre possession de son siége.

3° LAURENT-MARIE DE FAUCIGNY-LUCINGE, Chevalier, Capitaine au régiment d'Albret, tué à la bataille de Hochstedt en 1704.

4° JEAN-BAPTISTE-ALEXANDRE DE FAUCIGNY-LUCINGE VII du nom, Chevalier, Commandeur des ordres militaires et hospitaliers de N. D. du Mont-Carmel et Saint-Lazare, de Jérusalem, Nazareth et Bethléem, Prieur et Seigneur de Noyers-le-Vicomte, etc.

5° JEANNE-MARIE DE FAUCIGNY-LUCINGE, morte en 1725,

étant veuve de H. et P. Seigneur, Messire Claude de
Seyturier des Comtes de Béost, Chevalier, Baron
de Chastancy, Seigneur de Pélasgey, de Ramsey, de
Monfort, de Marmont et autres lieux.

6° Anne-Louise de Faucigny-Lucinge, femme de T. N.
Seigneur Messire Claude-Joseph de Branges, Chevalier, Seigneur de Bourciat et de La Boéssière au
comté de Bourgogne.

21ᵉ DEGRÉ.

Joseph Pompone de Faucigny-Lucinge, qualifié
Très Haut et Puissant Seigneur, Chevalier, Marquis et
Comte de Lucinge, Vicomte de Lompnes et de Montber-
thold, Baron de Bourg-Saint-Christophe, Seigneur de la
Mothe-Lucinge et de Cuisya, Chevalier de l'ordre royal et
religion sacrée des Saints Maurice et Lazare de Savoye,
Président-Syndic-Général de la Noblesse de Bresse, etc., etc.
Il fut élevé Page du Duc de Savoye Victor-Amédée, et devint
le chef de la maison de Faucigny par la mort du Seigneur
Marquis de Lucinge, Chevalier de l'ordre insigne et sacré de
l'Annonciade, et Gouverneur de la cité royale de Turin, ci-
dessus mentionné. Par contrat du 25 novembre 1697, il avoit
épousé Très Noble Damoiselle Claudine de la Crose,
fille de Messire Etienne de la Croze, Chevalier, Baron de

Bourg-Saint-Christophe et Châtelain d'Avermont, laquelle étoit morte sans postérité en 1716, après avoir testé le 27 juillet 1708 en faveur de son mari. Par contrat du 22 juillet 1717, il épousa en secondes noces Haute et Puissante Damoiselle MAGDELEINE DE BOISSE - MURAT, fille de Messire Christophe de Boisse de Murat, Chevalier, Baron de Saint-Nectaire, Brigadier des armées du Roi, etc., et de H. et P. Dame Catherine de LESCOYL DE ROGERMONTS, son épouse. Après avoir été pendant trente ans le Président de son ordre aux Etats de la province de Bresse, il s'en démit dans une assemblée générale de la noblesse à Bourg en 1743, à cause de son âge et de ses infirmités. Du second mariage de Joseph Pompone Marquis de Lucinge il est issu le fils unique qui suit.

22ᵉ DEGRÉ. LOUIS JOSEPH CHRISTOPHE DE FAUCIGNY-LUCINGE V du nom, qualifié Très Haut et Puissant Seigneur, Chevalier, Marquis et Comte de Lucinge, Vicomte de Montberthold, Seigneur et Châtelain de la Mothe-Lucinge et de Cuisya, Président-Syndic-Général de la Noblesse aux Etats de la province de Bresse, etc., etc., naquit le 4 août 1731, et se trouva l'unique héritier de sa maison. Il épousa, par contrat passé au château de Coligny le 4 avril 1752, Très Haute et Puissante Damoiselle ELÉONORE CHARLOTTE DE SANDERS-LEEBEN ET DE COLIGNY-CHASTILLON, fille de Monseigneur

Charles-Léopold Comte de Sandersleeben et du Saint Empire Romain, Marquis de Coligny, de Chastillon, d'Andelot et de Saligny, Comte de Dannemarie et Vidame de Belley, Baron de Beauponts, Premier Baron de Bugey, Baron de Royssiat, de Lanty-le-Vicomte, de Chévignast et du Saint Empire Romain, Seigneur et Châtelain Haut-Justicier de Goulx, de Sénoncourt et de Rhynfeld en Alsace, Seigneur et Patron de Varans au Comté de Bourgogne, etc., etc., etc.; et de Très Haute et Puissante Princesse Léopoldine de Wurtemberg, Duchesse de Montbelliard, son épouse. Ladite Éléonore de Sandersleeben se trouvoit l'héritière de la maison de Coligny, par Anne de Coligny, sa bisaïeule, sœur de Gaspard III, dernier Duc de Chastillon, comme on va l'exposer dans le paragraphe suivant.

Gaspard II Duc de Coligny et de Chastillon, Pair et Maréchal de France, héritier de Gaspard de Coligny Sire de Châtillon, Amiral de France; et de Guy de Coligny XX du nom, Comte de Laval, de Montfort, de Quintin, d'Aumale et de Harcourt, Baron de Vitré, Premier Baron de Bretagne, Vicomte de Rennes et Sire de Rieux, n'a point laissé d'autre postérité que celle de sa fille, Anne de Coligny-Chastillon, femme du Prince Georges de Wurtemberg Duc de Montbelliard, lequel étoit fils puîné de Louis-Frédéric Duc régnant de Wurtemberg et d'Anne Eléonore de Nassau, Comtesse de Saarrebruck, sa seconde femme. La fille aînée du dernier Duc de Montbelliard, Léopoldine de Wurtemberg, épousa Charles Comte de Sandersleeben, et lui porta tous les biens allodiaux de la maison de Coligny, dont elle avoit hérité du chef de ladite Anne de Coligny-Chastillon sa grand'mère paternelle. Charles

Comte de Sandersleeben et Léopoldine de Wurtemberg eurent pour fille aînée Eléonore de Sandersleeben, héritière de Coligny, laquelle épousa, comme on l'a dit, en 1752, Louis-Joseph Marquis de Faucigny-Lucinge, et transmit à leurs enfans le même héritage, à la charge d'ajouter à leurs noms et armes et de faire porter à tous leurs descendans les noms et armes de Coligny-Chastillon.

Par le traité conclu en 1748 entre le Roi Louis XV et la maison régnante de Wurtemberg, sous la médiation de l'Empereur François de Lorraine, au sujet de la succession du dernier Duc souverain de Montbelliard, le Roi de France accorda que tous les biens, terres nobles ou Seigneuries qualifiées, provenant de la maison de Coligny et situés en France, fussent dévolus à la Comtesse de Sandersleeben, héritière des Ducs de Chastillon, ainsi qu'à ses *descendans masculins ou féminins;* l'Empereur ayant stipulé que tous les hoirs mâles et féminins de ladite Comtesse eussent à jouir paisiblement des titres du Saint Empire Romain qui leur sont assurés par le même traité. En restituant au Duc de Wurtemberg les fiefs Saliques, provenant de la succession du Duc de Montbelliard, le Roi retenoit les revenus de la totalité des biens que la France avoit séquestrés et perçus durant vingt-cinq ans, et le Duc de Wurtemberg en fait l'abandon au Roi de France sous la promesse que lui fait S. M. *de pourvoir à la subsistance et l'établissement des enfans et descendans du dernier Duc de Montbelliard, et de garantir le Duc de Wurtemberg de toutes les poursuites qu'ils pourroient former contre lui, tant pour le passé que pour l'avenir.* C'est en exécution de ces clauses du traité, que Léopoldine de Wurtemberg, Comtesse de Sandersleeben, fut mise en possession du Marquisat de Coligny (la Duché-Pairie s'y trouvant éteinte à défaut d'hoirs mâles), des Baronnies de Beauponts, de Chévignast et de Royssiat, des Châtelainies et hautes justices de Rhynfeld, de Goulx, de Sénancourt et autres Seigneuries provenant de la maison de Coligny. C'est encore en exécution de la dernière clause, que la même Comtesse de Sandersleeben avoit obtenu du Roi de France plusieurs pensions et rentes reversibles à ses héritiers, ainsi qu'il appert des lettres patentes et d'un arrêt du conseil en date du 11 mai 1750. Louis-Joseph Marquis de Lucinge eut de son mariage avec Éléonore de Sandersleeben,

1° LOUIS VI du nom, qui continue leur postérité.

2° LOUISE-CHARLOTTE DE FAUCIGNY, LUCINGE ET COLIGNY, Comtesse du Saint Empire Romain, épouse de H. et P. Seigneur Louis Gaspard Vicomte de SEYTURIER des Comtes de BÉOST; duquel mariage il est issu pour fille unique Antoinette-Joséphine de SEYTURIER, Comtesse du Saint Empire Romain et Chanoinesse du Chapitre Royal de Sainte-Anne de Bavière.

23ᵉ DEGRÉ. LOUIS CHARLES AMÉDÉE DE FAUCIGNY, LUCINGE ET COLIGNY, VI du nom, qualifié Très Haut et Très Puissant Seigneur, Chevalier, Marquis et Comte de Faucigny-Lucinge et de Coligny-Chastillon, Comte du Saint Empire Romain ; Vicomte de Montberthold et Vidame de Belley, Baron de Beauponts, Premier Baron de Bugey, Baron de Royssiat, de Chévignast et du Saint Empire Romain, Seigneur et Châtelain de la Mothe-Lucinge, de Cuisya et de la Tour-lez-Coligny, co-Seigneur de Rhynfeld, Goulx, Sénoncourt et autres lieux, Chevalier de l'ordre royal et religion sacrée des Saints Maurice et Lazare de Savoye, de l'ordre royal et militaire de Saint-Louis, etc., etc., etc., naquit au château de la Mothe-Lucinge le 25 août 1755, épousa par contrat passé le 20 février 1781, au château de Coligny, JUDITH-PAULINE BERNARD DE SASSENAY, qualifiée Très Haute et Très Puissante Dame, Chanoinesse-Comtesse du Très Noble Chapitre d'Alix en Beaujolois, et depuis Dame de Madame Victoire de France, tante du Roi : laquelle Dame Comtesse de Faucigny-Lucinge étoit fille de T. H. et P. Seigneur Messire François Bernard de Sassenay, Chevalier, Vicomte de Sassenay, Vidamé de Châlons-sur-Saône et Baron du Tartres, Conseiller du Roi en tous ses conseils, Président à mortier en sa cour du Parlement de Bourgogne, etc., et de T. H. et P. Damé HENRIETTE FEYDEAU DE BROU son épouse.

Etant resté le seul héritier mâle de sa maison, le Comte de Faucigny-Lucinge établit sur titres originaux et par les travaux dûment certifiés du sieur Chérin, historiographe du Roi de France, et du sieur Janse, généalogiste de la cour de Turin, qu'il étoit descendu, par mâles en ligne directe et légitime, de Louis, Souverain Seigneur de Faucigny en l'année 1096, et de sa femme Thetberge, veuve de Gérald Comte de Géneyois;

lequel Louis étoit le quatrième aieul de Marguerite de Faucigny, femme de Thomas I du nom, Souverain Comte de Savoye et de Maurienne, ainsi que d'Agnès de Faucigny femme de Pierre I, Comte de Savoye, Duc de Chablais et Prince de Piémont; desquels sont issus les Ducs de Savoye, Rois de Chypre, etc.; le Roi Victor-Amédée de Sardaigne ayant permis audit Seigneur Marquis et Comte de Lucinge de perpétuer en sa maison les noms et armes de Faucigny, nonobstant la possession, le protocole et les armoiries légitimes des Rois de Sardaigne, Ducs de Savoye, Souverains Barons de Faucigny, et nonobstant la déchéance pouvant résulter de l'omission du même nom de Faucigny par certains ancêtres des Seigneurs Marquis et Comtes de Lucinge, auteurs de l'ayant-cause. Par exprès mandement de S. M. le Roi de Sardaigne, à la consi-dération de plusieurs alliances directes entre sa maison royale et celle de Faucigny, dont l'héritière avoit apporté cette province aux Ducs de Savoye, la Comtesse de Faucigny-Lucinge eut l'honneur d'être présentée à la cour de France en 1786, *à titre de parenté,* par Marie-Thérèse de Savoye, Princesse du Sang Royal de Sardaigne, veuve de Louis de Bourbon Prince de Lamballe, et Surintendante de la maison de la Reine. Immédiatement après sa présentation, la Comtesse de Faucigny fut attachée à la cour de Mesdames tantes du Roi, en qualité de Dame pour accompagner Madame Victoire de France.

En exécution du traité de 1748 et par arrêt du conseil du 31 mai 1786, le Comte de Faucigny, Lucinge et Coligny obtint une pension du Roi Louis XVI, à titre de fils d'Eléo-nore de Sandersleeben, de petit-fils de Léopoldine de Wurtemberg, et de principal héritier du dernier Duc souverain de Montbelliard.

Député de la Noblesse et des Etats du pays de Bresse aux derniers Etats–Généraux, le Comte de Faucigny-Lucinge y siégea constamment avec la minorité royaliste. Il y combattit courageusement et jusqu'à la fin pour l'autorité du Roi, les immunités du clergé de France et les priviléges de l'ordre dont il étoit le commettant. Il a signé toutes les protestations du côté droit contre cette foule d'injonctions révolutionnaires appelées *décrets de l'assemblée constituante*, et la publicité de sa noble conduite est manifeste. Aussitôt que la *Constitution* fut proclamée, il alla servir en émigration dans l'armée des Princes, et mourut le 29 décembre 1801, ayant eu de son mariage avec Judith-Pauline de Sassenay,

1° ETIENNETTE ZOÉ DE FAUCIGNY, LUCINGE ET COLIGNY, Comtesse du Saint Empire Romain, née le 17 juin 1785, morte sans alliance le 19 juin 1823.

2° FERDINAND-VICTOIRE-AMÉDÉE, chef des noms et armes, qui suit.

3° GASPARD DE FAUCIGNY, LUCINGE ET COLIGNY, Comte du Saint Empire Romain, Chambellan de S. M. le Roi de Wurtemberg, Chevalier de l'ordre royal et religion sacrée des Saints Maurice et Lazare de Savoye, Chevalier-Croix-d'honneur de première classe de l'ordre royal du mérite militaire de Wurtemberg,

Officier Supérieur des gardes-du-corps de S. M. T. C. etc.;
né le 8 janvier 1792. Après l'invasion des républicains
français dans les Etats de Savoye, la Comtesse de
Faucigny s'étoit réfugiée avec ses enfans dans les Etats
de Wurtemberg, où le Roi Frédéric I les accueillit
avec une distinction particulière, les fit élever à sa
cour, et les a recueillis jusqu'à l'époque de la restaura-
tion des Bourbons. Le Comte Gaspard de Faucigny,
alors âgé de vingt-trois ans, servoit en qualité de major
dans l'armée wurtembergeoise, d'où il passa au service
de France avec le grade correspondant. ‑

24ᵉ DEGRÉ.

FERDINAND VICTOIRE AMÉDÉE Marquis et Comte de
Faucigny-Lucinge et de Coligny-Chastillon, Comte du Saint
Empire Romain, Vidame et Premier Baron de Bugey, Aide-de-
camp de Monseigneur le Duc de Bordeaux, Chambellan de
S. M. le Roi de Wurtemberg, Chevalier de l'ordre royal et religion sacrée des Saints Maurice et Lazare de Savoye, Chevalier
de l'ordre royal et militaire de Saint-Louis, Officier de la Légion-
d'Honneur, Chevalier de l'ordre royal du mérite militaire de
Wurtemberg, ancien Aide-de-camp de S. A. R. le Prince
Paul, frère du Roi; etc., etc., né à Versailles le 8 septembre
1789, ondoyé le même jour et devant être tenu sur les fonts
baptismaux, lorsqu'il auroit atteint l'âge requis, par S. M. le
Roi Victor-Amédée de Sardaigne et Madame Victoire de

France . a passé du service de Wurtemberg au service de France en 1816; devenu Sous-Lieutenant des gardes-du-corps de Monsieur frère du Roi, ensuite Aide-de-camp de Monseigneur le Duc de Bordeaux, il a épousé par contrat signé du Roi, de sa famille et des Princes du Sang royal de France, le 8 octobre 1823, Très Haute et Très Illustre Damoiselle CHARLOTTE MARIE AUGUSTINE, Comtesse d'Issoudun, fille de T. H. T. P. et E. Prince, Monseigneur Charles Ferdinand de France, Fils de France, Duc de Berry, etc., et de Mistriss Amy Brown, ledit Seigneur et Prince Duc de Berry étant le deuxième fils de Charles X du nom, Roi de France, et de Marie-Thérèse de Savoye, fille du Roi Victor-Amédée de Sardaigne. Ladite Damoiselle Charlotte Marie Augustine ayant été créée Comtesse d'Issoudun en Berry, par lettres patentes signées du Roi Louis XVIII, avec concession des armes de France ainsi blasonnées et brisées, *d'azur aux trois fleurs-de-lis d'or, accompagnant un pairle du même, et posées l'une en chef et les deux autres en pointe de l'écu; le tout abaissé sous un chef d'or, chargé de trois fleurs-de-lis d'azur mises en fasce*, et laquelle partition forme les armoiries particulières au Comté d'Issoudun. De ce mariage il est provenu,

---

25ᵉ DEGRÉ. ᴅ CHARLES MARIE DE FAUCIGNY, LUCINGE ET COLIGNY IV du nom, Comte du Saint Empire Romain, né le 16 août 1824, ayant pour parrain et marraine, le ROI Charles X et MADAME, Duchesse-Douairière de Berry.

APPENDIX

A LA GÉNÉALOGIE

DE LA MAISON DE FAUCIGNY.

DU PAYS DE FAUCIGNY.

Parmi les peuples gaulois, les *Focuates* ou *Faucunates*, appelés *Faucignii* par Merula, se trouvent mentionnés dans une inscription citée par Pline, et provenant de l'arc de triomphe d'Aoste érigé pour Auguste. Le pays habité par ces peuples a porté successivement les noms de *FAUCINIACUM* et *FALCIGNIACUM*, de *FULCINEYS*, de *FOULXIGNY* et de FAUCIGNY. Ce pays confine à présent vers le nord à celui de Chablais, ainsi qu'à la partie du Génevois restée soumise à la domination de la maison de Savoye, et sa frontière méridionale est celle du Duché d'Aoste; mais il s'étendoit autrefois du lac Léman au grand

Saint-Bernard, et depuis les montagnes qui bordent le Rhône à l'Orient, jusqu'aux limites des Allobroges, ou du pays de Savoye, proprement dit, sur une surface de 1680 milles carrés.

Cette province est coupée par trois rivières, l'Arve, la Dranse et l'Arly qui naissent des glaciers ou sortent des lacs contenus dans son territoire; en outre, les grandes plaines de la Dranse et de l'Arve sont profondément sillonnées par une multitude de ruisseaux, qui portent avec eux la fécondité.

L'ARVE, *l'Orval* ou *l'Arbor* des anciens, prend sa source aux glaciers de Chamouny et de l'Argentière dans le Faucigny méridional. Il arrose une longue suite de vallées fertiles ; auprès de Bonneville, il reçoit les eaux du lac Benit, et non loin de Genève, il va perdre son nom dans le Rhône.

L'ARLY tombe des rochèrs de Mégève, il se précipite sous les arches gothiques de Flumey, et va se jeter dans l'Isère, après avoir entraîné les avalanches et les affluéns glacés du mont Sarraval.

La DRANSE descend des Alpes par les deux gorges d'Esser et de Morgène, elle se réunit et vient couler sous un pont gothique de vingt-deux arches, au milieu d'une plaine admirable; et cette rivière achève sa course en mêlant ses eaux paisibles à celles du Léman.

Les principaux affluens de l'Arve sont le GYFFRE,

l'ORVAN, le MENOYR, le BORN et le FŌRON, torrens impé-
tueux, destructeurs sauvages; et dont les noms semblent
marquer l'âpreté.

La plus ancienne ville de cette contrée est celle de BONNE,
que Simter dit être le *Bontas* de l'itinéraire d'Antonin.
Quoi qu'il en soit, on a trouvé dans les environs de cette cité
romaine un grand nombre d'antiquités numismatiques.
FLUMEY, *Flumiacum et Falcignaci caput*, étoit florissante
au temps de Julien l'apostat. Cette ancienne capitale du haut
Faucigny contient les vestiges d'un temple, où l'on a décou-
vert un exergue lapidaire en l'honneur du Dieu *Penninus*,
le Jupiter des Alpes et le *Monarque des hauts lieux*. Les
restes du temple de Mars, situé à Pascy, auprès de Salanche,
furent explorés par le Sénateur Della Chiesa, et par René
de Lucinge, Seigneur des Alymes, ainsi qu'il le dit en ses
Commentaires, fol. 119 et suiv. Guichenon dans son Hist. de
Savoye, vol. 1, pag. 35, nous a conservé deux inscriptions
votives du même temple; enfin vers le milieu du dernier
siècle, un villageois faucignerand trouva dans son vignoble
une suite d'amphores et de préféricules en bronze, dont le
travail et le style des ornemens sembloient appartenir au
siècle des Antonins. Le plus grand de ces vases étoit rempli
de médailles Impériales et Consulaires, parmi lesquelles il se
trouvoit plusieurs sceaux romains, dont une intaille en amé-
thyste d'un beau travail et représentant Gordien-le-Pieux.

BONNEVILLE, en latin *Castrum Bonœvillœ*, capitale
actuelle du Faucigny, située sur l'Arve à cinq lieues sud-est de
Bonne, étoit déjà close et fortifiée sous le règne de Guil-

laume I de Faucigny, en 1117. Aymon II de Faucigny pré-
sidoit aux jeux d'un tournoi sous les murs de Bonneville
en 1224, et Rodolphe de Faucigny Sire de Lucinge, y fut
assiégé par le Dauphin Guygues en 1246. Le château voisin
de cette capitale avoit acquis les surnoms de *Vierge* et du
Bien-Assis; on croit qu'il fut édifié par Agnès de Faucigny,
Comtesse de Savoye, vers l'an 1267. Cette ville a toujours été
la résidence du Juge-Mage, du Garde-des-Sceaux, des Châ-
telains et autres officiers préposés par le Roi de Sardaigne au
gouvernement de la province.

Les autres lieux les plus considérables du Faucigny sont
Cluses, jolie ville située sur l'Arve; Mégève, Saint-Joyre,
Salanche, Lucinge, Boege et Samorat.

Les donjons féodaux de Bonneville et de Rovorée, les
restes du château de Faucigny, les ruines gothiques de la
Roche, d'Aranthon, de Châtillon, de Lucinge, etc., couvrent
les coteaux charmans, les montagnes et les riantes vallées du
Faucigny de leurs débris pittoresques. La tour carrée,
construite au dixième siècle, par Emerard de Faucigny
Marquis des Alpes, est un monument imposant, et l'on diroit
que cette tour s'élève encore au-dessus des sommités les plus
gigantesques, en signe de domination !

ARMOIRIES,

DE LA MAISON DE FAUCIGNY.

Aymon II de Faucigny s'armoit *pallé d'or et de gueules de six pièces*, ainsi qu'il est justifié par l'empreinte de son sceau, qui se voit à trois chartes scellées en 1235, 1250 et 1252. Il porte pour légende : † *SIGILLUM AYMONIS DOMINI FUCIGNIACI* (†Scel d'Aymon Seigneur de Faucigny). L'autre côté du même sceau représente Aymon sur un palefroi, armé de toutes pièces, et tenant l'épée haute à la main. Le plus ancien document sur l'origine de ces armoiries les fait remonter à Rodolphe I, Seigneur de Faucigny, grand-père d'Aymon. Suivant René Seigneur des Alymes, Rodolphe les avoit prises à son retour de la Palestine en mémoire de trois coups de hache d'arme qu'il avoit reçus d'un Sarrasin *de hault en bas sur le visage, sur le pectoral et sur le bras droict. Icelles pièces de blazon nommées honorables pals ont toutsjours priz origyne de pareils faits d'armes quand elles sont de couleur de sang,* poursuit le noble auteur des commentaires. *Les plus doctes en héraldique ont toutsjours pensé qu'en signifyance et par soubvenir de barrières forcées et leurs pals arrachés, lesdites pièces ne paroissoient dans les escus que soubs les couleurs de jausne, de blanc ou de noÿr. Par ainsy, les pals de gueules sont en plus grande estime que non pas les autres. Je m'en puys asseurer de plus sur le dire de Maistre Bonnes-Nouvelles, lequel est véritablement le roy des héraults d'armes, et comme il ne sauroist flacter personne, tesmoing ses opiniastretés et cholères envers S. A. de Savoye, je ne puys et ne sauroye doubter de ce qu'il m'a dict au regard de nos pals.*

Agnès de Faucigny, Comtesse de Savoye, nous a laissé les empreintes de trois sceaux différens pour la forme et les dimensions. Sur celui d'une transaction qu'elle passe en l'année 1263, avec Guillaume Sire de Lucinge, assistée de Pierre de Savoye son mari, cette Princesse est représentée dans un cartouche ovale avec la couronne en tête, et supportant deux petits écussons qu'une figure d'ange tient suspendus au niveau de la tête d'Agnès. Ces deux écus sont blasonnés, l'un pallé d'or et de gueules de six pièces, et l'autre d'une croix d'argent pleine, en champ de gueules; armoiries que les Comtes de Savoye avoient prises en mémoire de la croisade, et qu'ils substituèrent à l'aigle éployée que leur maison portoit auparavant. Celui de ces deux écussons qui marque les armes de Faucigny est contre l'usage à la place d'honneur au côté

sénestre de l'empreinte, et comme sa légende porte seulement
† *SIGILLUM AGNETIS DOMINÆ EUCINIACI* († Sceau
d'Agnès Dame de Faucigny), on peut en conclure qu'il étoit
le sceau particulier de la Comtesse de Savoye, à titre de Souveraine en propre du Faucigny.

———

Une charte de l'an 1265 est scellée d'une empreinte octo-
gone ayant au centre un écu parti, savoir au premier, *pallé
de six pièces d'or et de gueules* ; au deuxième, *de gueules
à la croix pleine d'argent*. On lit autour de l'empreinte,
en lettres onciales, † *SIGILLUM SECRETUM* † *AGNETIS
DE FAULXIGNY : COMITISSA DE SABAULDIA* † *MAR-
CHION :* (Sceau privé † d'Agnès de Faucigny, Comtesse de
Savoye †, Marquise †).

———

Le troisième sceau dont il nous reste à parler au sujet
d'Agnès, est figuré par Guichenon, vol. I, page 136 de son
Hist. généal. de Savoye, et c'est celui qui se trouvoit encore
au testament de cette Princesse du temps de Guichenon. Elle
est représentée debout, la tête couronnée, et vêtue d'une robe
parsemée de fleurons sous un riche portique composite, dont
l'architecture rappelle les premiers monumens du style
lombard. Elle s'appuie à sénestre sur un écu *de gueules à
la croix d'argent*, et sur un autre écu *pallé de six pièces*

d'or et de gueules, à dextre. Dans l'exergue circulaire autour de l'empreinte, on lisoit au temps de Paradin : *S. AGNETIS D. G. COMITISSÆ SABAUDIÆ. MARCHION. ITAL. ET DOMINÆ FUCIGNIACI* † (Sceau d'Agnès, par la grâce de Dieu, Comtesse de Savoye, Marquise d'Italie et Dame de Faucigny †).

———

Les monnoies d'or et d'argent qui nous sont restées du règne d'Agnès et de Pierre de Savoye son mari, représentent un écu *pallé de six pièces d'or et de gueules*, entouré d'un ornement à cinq moulures, et découpé vers le centre en forme d'ogives. Le revers chargé des lettres FERT, initiales de la devise de Savoye : FRAPPEZ, ENTREZ, ROMPEZ TOUT.

———

On voit sur les sceaux d'Emmanuel-Philibert et de Charles-Emmanuel de Savoye, qu'ils portoient leurs armes royales ainsi blasonnées ; savoir, tiercé en fasce, au 1 de SAXE-ANCIEN, parti de la BASSE-SAXE, à la pointe d'ANGRIE ; au 2 de SAVOYE L'ANCIEN, brisé de SAXE MODERNE ; au 3 de CHA-BLAIS ; au 4 de PIÉMONT ; au 5 écartelé de JÉRUSALEM, de CHYPRE, d'ARMÉNIE et de LUZIGNAN ; au 6 d'AOSTE ; au 7 de SUZE ; au 8 de BEAUGÉ ; au 9 de VAUD ; au 10 de NICE ; au 11 *pallé de six pièces d'or et de gueules* qui est de FAUCIGNY ; au 12 de GEX, et sur le tout de SAVOYE.

ARMOIRIES

DES BRANCHES CADETTES DE LUCINGE, DE THOIRES-VILLARS ET DE CHASVES.

Rodolphe II de Faucigny, surnommé l'*Allemand*, avoit fait blasonner le revers de son contre-scel d'un *lion contourné*. Les figures et les couleurs de ses armoiries ne sont pas restées visibles sur l'empreinte d'un sceau qu'il fit apposer en 1221; on y lit seulement dans l'exergue *S. ROULFI FUCINIACI SENESCALCI* † (Sceau de Rodolphe de Faucigny, Sénéchal †). Ladite charte est une de celles où l'on voit encore le grand sceau d'Aymon II S. Seigneur de Faucigny, qui l'appose en garantie pour une donation du même Sénéchal Rodolphe son cousin.

Guillaume III de Faucigny, Sire de Lucinge, Sénéchal héréditaire du Faucigny et fils aîné de Rodolphe l'*Allemand*, scelloit au moyen d'un écu *bandé de six pièces d'or et de gueules*, avec la légende *SIGILLUM D. VULIELMI DE LUCINGIO* † (Sceau de Guillaume Sire de Lucinge †);

9

ainsi qu'il appert d'une charte de l'an 1264, et du testament d'Agnès de Faucigny Comtesse de Savoye ; lesquels actes sont précités dans la généalogie, à l'article du même Seigneur. Ces armoiries de la branche de Lucinge étant formées d'un même nombre de pièces, ayant la même forme et le même émail sur le même métal que les armes de la branche aînée de Faucigny, dont elles ne peuvent différer que par une légère inclinaison de l'écu, tout donne à penser que la mutation de la *bande* à la place du *pal* étoit alors considérée comme signe de *brisure ;* et René de Lucinge a remarqué très-judicieusement que la branche de Thoires et Villars, puînée des Seigneurs de Faucigny, a toujours porté, comme la branche de Lucinge, *bandé* d'or et de gueules de six pièces, au lieu de *pallé* comme les Souverains Seigneurs de Faucigny, et les héritiers de la branche aînée de leur maison, les Souverains Comtes et Ducs de Savoye.

Humbert de Faucigny, Sire de Thoires, et mari de Béatrix de Savoye en 1334 ; ainsi qu'Alix de Faucigny-Villars, femme de Philippe de Savoye, Prince héréditaire de la Morée en 1362, portoient *bandé d'or et de gueules de six pièces,* ainsi qu'il se voit en l'Hist. généal. de Savoye, par Samuel Guichenon, vol. I, pages 326 et 333.

Isabeau de Faucigny-Thoires, femme de Henry de Bourgogne ; Aliénor de Villars, épouse d'Étienne Sire de Coligny ; Alix de Villars, femme de Hugues-le-Grand Comte de Vienne, et Humbert de Faucigny Comte de Villars et de

Genève, s'armoient *bandé de six pièces d'or et de gueules,* ainsi qu'il appert de leur généalogie et de l'Hist. de Bresse de Guich. div. III, au supplément.

Hugues de Faucigny-Chasves, Archevêque de Corynthe, s'armoit *fascé de six pièces d'or et de gueules,* ainsi qu'il se voyoit sur son tombeau en l'Eglise métropolitaine d'Avignon, du temps de Baluze et de Justel.

Le Cardinal Louis de Faucigny-Villars, Evêque de Valence en 1377, portoit sur son scel un écu *bandé de six pièces d'or et de gueules,* avec l'inscription suivante : *S. Ludovici S.E.R. Card. Episc. Com. Valentinensis, Gapensis et Diensis, M. Div.* † (Sceau de Louis, par la miséricorde divine, Cardinal de la Sainte Eglise Romaine, Evêque et Comte de Valence, de Gap et de Die †).

Henri de Faucigny-Villars, Archevêque de Lyon et d'Embrun, s'armoit également *bandé d'or et de gueules de six pièces,* ainsi qu'il se voit au sceau dont il a confirmé le traité de cession du Dauphiné, laquelle charte est conservée dans les archives royales de France. L'exergue du sceau porte encore aujourd'hui : *Henricus D.G. Arch. Episc.*

ET COM. LUGDUNENSIS † *GALLIÆ PRIMAS* † *ARCH.*
EPISC. ET PRINCEPS AMBRUNENSIS † *EPISC. ET*
COM. VIVAR. † *EPISC. ET DOM. LAVAR.* † *GENER.*
REGUL. DELPHIN. † (Henri, par la grâce de Dieu, Ar-
chevêque et Archicomte de Lyon † Primat des Gaules †
Archevêque et Prince d'Embrun † Evêque de Viviers,
Comte de Vivarois † Evêque et Seigneur de Lavaur †
Régent du Dauphiné †) et sur le contrescel *S. SECRETUM*
HENRICI ARCHIEPISCOPI † (Sceau privé de l'Archevêque
Henri †).

Humbert II de Faucigny, Sire de Lucinge, portoit ses
armes écartelées ainsi qu'il suit, au 1 et 4 *pallé de six pièces
d'or et de gueules*, au 2 et 3 *bandé* du même nombre de
pièces et des mêmes métal et émail. Le cimier d'un dextrochère armé d'or et pour cri des armes A LA BONNE VILLE
BONNES NOUVELLES, ainsi qu'il se voit au *Discours touchant
lez Armoyries* de Julles Fabvier. On ignore aujourd'hui la
signification donnée par Humbert à cette devise héraldique ;
elle ne sauroit être un cri de guerre *en défi*, ce n'est pas non
plus un cri de guerre *en invocation* ; et quand la tradition
manque, on ne sauroit expliquer un cri de guerre *en
événement.*

Sur une tour du château d'Arcine et sur les vitraux de
l'Eglise cathédrale de Genève, on voyoit encore en 1546 les

armes de François de Faucigny-Lucinge, Seigneur d'Arcine et des Entremonts en Génevois, Chanoine et Grand-Prevôt de l'Eglise de Genève, etc. Elles ont été figurées par le même Fabvier qui les blasonne *d'or pallé de gueules, écartelé d'or bandé du mesme* : A La Bonne Ville Bonnes Nouvelles, *autour de l'escu.*

Humbert III de Faucigny, Sire de Lucinge, avoit disposé les partitions de ses armes ainsi qu'il suit : au 1 et 4 *pallé d'or et de gueules de six pièces,* qui est de Faucigny ; au 2 *écartelé d'or et de gueules,* qui est du Saix ; au 3 *bandé de six pièces d'or et de gueules,* qui est de Lucinge. Le cimier de son casque est un sénestrochère, et le cri de ses armes A La Bonne Ville. On a trouvé plusieurs sceaux du même Humbert III dans les archives de N. D. d'Abondance, et de la Chartreuse du Reposoir en Faucigny.

Bertrand de Faucigny, Sire de Lucinge, écartela ses armoiries de celles des Alymes, qui sont *de sinople aux trois fasces d'argent.*

Les armes de Charles de Faucigny-Lucinge, son fils aîné, et celles d'Anne de Lyobard, épouse de Charles, se trouvent peintes et figurées dans l'ancien manuscrit de la bibliothèque de La Vallière, n° 247, 56 à la Bibliothèque du Roi; celles du Sire de Lucinge, parti au 1, *pallé d'or et de gueules de six pièces*, au 2 *bandé de six pièces d'or et de gueules*, et sur le tout *de sinople aux trois fasces d'argent*. Le casque de face et couronné, sommé d'un dextrochère armé d'or, les supports deux aigles, et la devise A LA BONNE VILLE BONNES NOUVELLES. Les armoiries d'Anne de Lyobard, Dame de Lucinge, y sont blasonnées *d'or au lion léopardé de gueules*, ayant pour supports deux léopards escorchés dudit émail, et pour devise PENSEZ-Y, BELLE, FIEZ-VOUS-Y.

Marie de Faucigny-Fucinge, Damoiselle des Alymes et Dame d'Honneur de Marguerite de France, Duchesse de Savoye, portoit ses armes écartelées, au 1 et 4 *bandé de six pièces d'or et de gueules*, au 2 et 3 *de sinople aux trois fasces d'argent*, et sur le tout *pallé d'or et de gueules de six pièces*, ainsi qu'il se voit au cachet d'une lettre écrite par elle à Saint François de Sales, Evêque de Genève, et comme il appert de trois écussons placés au-dessus du tombeau de cette dame, en l'Eglise de la Chartreuse du Reposoir.

René de Faucigny-Lucinge, Seigneur des Alymes, a fait graver ses armes au titre de ses commentaires imprimés à

Lyon : il écartelle au 1 de Faucigny, au 2 de Lyobard, au 3 des Alymes et au 4 de Lucinge ; il a pour supports un aigle avec un lion ; son casque ouvert est taré de face et couronné, il est sommé d'un dextrochère, et les lambrequins en sont garés et bandés d'or et de gueules à six rayures. René *le Docte* avoit pris pour devise Usque Quo, et l'on peut augurer que c'étoit en signe d'impatience, au sujet de sa défaveur à la cour de Savoye, pour avoir signé le traité de Lyon.

Louis de Faucigny-Lucinge, Vicomte de Lompnes et Commandant le ban et l'arrière-ban des Nobles de la Bresse en 1675, portoit les armes de Lucinge, écartelées seulement de celles des Alymes, avec l'écu sommé de la couronne vice-comitale et pour devise Usque Quo.

Joseph-Pompone, Marquis et Comte de Lucinge, etc., portoit, ainsi qu'il se voit dans Chevillard et Ménétrier, *bandé d'or et de gueules de six pièces*, parti *de sinople ou d'azur aux trois fasces d'argent*, l'écu sommé de la couronne de Marquis et supporté d'une aigle et d'un lion naturels.

Par suite du mariage de Louis-Joseph, fils de Joseph-Pompone, avec Charlotte de Sandersleeben et Coligny, Louis Charles Amédée, Marquis et Comte de Lucinge, avoit fait disposer ses blasons suivant les conditions de ce mariage, en ajoutant les armoiries substituées par les clauses de cette alliance à celles de ses ancêtres paternels.

Ferdinand Victoire Amédée, Marquis et Comte de Faucigny-Lucinge et de Coligny-Châtillon, CHEF DES NOMS ET ARMES, porte écartelé de SANDERSLEEBEN et de COLIGNY, sur le tout de FAUCIGNY, parti de LUCINGE, ainsi blasonné; au 1 et 4 *d'azur un soc d'or mis en pal,* qui est de Sandersleeben (armoiries d'alliance), au 2 et 3 *de gueules à l'aigle éployé d'argent, membré, becqué, couronné d'or,* qui est de Coligny-Chastillon (armoiries substituées), sur le tout parti, au 1ᵉʳ *pallé de six pièces d'or et de gueules,* qui est de Faucigny (armoiries du nom), au 2ᵉ *bandé de six pièces d'or et de gueules,* qui est de Lucinge (armoiries de branche et de domaine); les supports d'un aigle d'argent couronné d'or, et d'un lion naturel, portant des pennonceaux armoiriés de Lucinge et de Faucigny; pour cri des armes A LA BONNE VILLE BONNES NOUVELLES, pour devise *USQUE QUO,* avec l'écu sommé de la couronne Principale et germanique.

INSCRIPTIONS TUMULAIRES,

ÉPITAPHES, ETC.

Aymon Ier, Seigneur de Faucigny, fut inhumé, comme on l'a dit, dans la chapelle de sa forteresse de Châtillon, et son cœur fut porté à la Chartreuse du Reposoir qu'il avoit fondée en 1145.

D. Cusiat nous a conservé l'épitaphe d'Aymon, de laquelle il ne donne toutefois que cette version, dont le style paroît être du treizième siècle, et par conséquent beaucoup plus moderne que l'original.

CY PRONOBLE MOLT PIEX AYMON SEGNEVR DE
FOVLXEGNY AVLX VEAGES OVLTRE MAR HA
GVEROYE POR LHEVR DYEX ET LA CONQVEST
DEL BENOICT SANCT SEPOLCHRE ESTAY FERRY
XIIIe COVBS DE HAST AVLX EMPRYNSE VIS SANCT
JOHAN DAKRES SANS HOYRS HA DECED AL
FESTE SANCT MARK APOSTOELLE XXV APVRYL
AN NS MCLVI AEN CESTOVY SYAN KHASTEL
DYEX ABSOLVE LOE.

10

Ci-gît Très Noble et Très Pieux Aymon Seigneur de Faucigny, lequel aux voyages d'outre-mer a guerroyé pour l'honneur de Dieu et la conquête du Saint-Sépulcre, ayant été blessé de treize coups de lance à la bataille de Saint-Jean-d'Acre, il décéda sans enfans le jour de la fête de Saint-Marc apôtre, le 25 avril, l'an de notre Seigneur 1156, en icelui son châtel. Que Dieu l'absolve !

Dans l'ouvrage intitulé *Remarques et loysirs de Messire René de Lucinge Seigneur des Alymes,* on voit qu'il avoit lu l'inscription suivante à N. D. du Reposoir, en 1569.

HIC JAC. COR. ET VISC. AYMONIS DOM. FUCIGNIAXI FUND. H. ECCLESIÆ S. M. REPAUS. ORD. CARTHUS. ANN. INCARN. M.C.XLV.

Ici reposent le cœur et les entrailles d'Aymon Seigneur de Faucigny, fondateur de cette Eglise, dédiée à Sainte Marie du Reposoir, ordre des chartreux, l'an de l'incarnation 1145.

ÉPITAPHE

DE HUGUES DE FAUCIGNY,

EN L'ÉGLISE CATHÉDRALE D'AVIGNON.

HIC JACET REVERENDISSIMUS PATER IN J. C. D. D. HUGO P. D.
ARCHIEPISCOPUS CORYNTIENSIS. CAMERAR. SEC. D. N. JOHAN. SUM.
PONT. XXII ABBAS S P. RI.....NQUISITOR P. F. QU..... NATIVIT.....
CHRISTI. .. IV. KAL. JANUARII XXVII.

Ci-gît Révérendissime Seigneur et Père en Jésus-Christ,
Hugues, par la permission divine, Archevêque de Co-
rinthe, Camérier secret de Notre-Seigneur Jean XXII,
Souverain Pontife; Abbé de S. P....., Inquisiteur pour
la Foi. Lequel mourut l'an de la Nativité du Christ....
IV, le 27ᵉ jour des kalendes de janvier.

ÉPITAPHE

DE

CHARLES DE FAUCIGNY-LUCINGE D'ARANTHON,

EN L'ÉGLISE MÉTROPOLITAINE ET PRIMATIALE DE LYON.

PRENOBILIS DOMINUS CAROLUS DE LUCINGIO D. DE ARANTHON
CANONICUS C. CAMERARIUS LUGDUNENSIS QUI CAPELLAM SANCTI
PETRI ECCLESIÆ LUGDUNENSIS DOTAVIT DE SUMMA LIBRARUM
DECEM GEBENNENSIUM PERPETUI REDITUS CUJUS ANIMA PER
MISERICORDIAM DEI REQUIESCAT IN PACE. OB. DIE II JUNII AN.
DOM. M.CCCC XVIII.

---

*Le Très Noble Seigneur Charles de Lucinge dit
d'Aranthon, Camérier, Chanoine et Comte de Lyon,
lequel a doté la chapelle de Saint-Pierre en cette Eglise,
de dix livres argent de Genève à perpétuité, et dont, par
la miséricorde de Dieu, l'âme repose en paix, trépassa
le IIe jour de juin l'an du Seigneur 1448.*

INSCRIPTION

DU TOMBEAU DE MARIE DE FAUCIGNY-LUCINGE,

EN L'ÉGLISE DE N. D. DU REPOSOIR.

ICY ÉLEUST SON REPOS

HAULTE ET PUYSSANTE DAMOYSELLE

DAMOYSELLE

MARIE DE LUCINGE DES ALISMES

EN SON VIVANT

DAME D'HONNEUR DE MADAME MARGUERYTTE DE FRANCE

DUCHESSE DE SAVOYE

ROYNE DE HYERUSALEM ET PRINCESSE DE PIEDMONT

laquelle après s'estre maintenue dans la foy les œuvres et la priere
a terminay pyeusement une vye courte et saincte
en ordonnant quelle fust ensevellie
auprez des reliques de ses ancestres en ceste eglise
ou elle attendt la resurrectyon.

A. M. D. G.

INSCRIPTIONS

DU MAUSOLÉE D'EMMANUEL DE FAUCIGNY-LUCINGE,

EN L'ÉGLISE DE MONTROSA.

A L'ÉTERNELLE MÉMOIRE

DE TRÈS HAUT ET PUISSANT SEIGNEUR

Messire EMMANUEL de LUCINGE, Chevalier,

Seigneur des Alymes, de Montrosa, de Luysandre, de Chasteaublanc,
de Valon, de Montuerd, de la Tuylerie, de Torcieu, de Montdragon,
des Marches sur l'Isère et autres lieux, Mareschal de Bataille,
Conseiller du Roi en tous ses conseils, Chevalier de la Sacrée
Religion des Saincts Maurice et Lazare de Savoye, etc. etc. etc.

Renommé, Judixieux, et Sage au Conseil, Intrépide et Grand Capitaine

Il a terminé sa vie glorieuse
Le IXe jour de Mars en l'année M.DC.XXX.

CATHERINE du PUY de MARTEL

DAME DOUAIRIÈRE DES ALYMES,

ET

FRANÇOISE DE LUCINGE BARONNE DE MONTFORT,

Sa Veufve et sa Fille inconsolables,
ont fait ériger ce Mausolée pour immortaliser leur douleur.

R. I. P.

Ce monument, sculpté par Coysevox, étoit composé d'un sarcophage élevé sur une double plinthe en marbre noir; il étoit décoré de quatre figures en marbre blanc, représentant la Force, la Tempérance, la Justice et la Vérité. Il est à regretter qu'il ait été brisé par les révolutionnaires en 1792. On y voyoit gravée d'un côté l'épitaphe ci-dessus rapportée; et sur l'autre face correspondante, au milieu de la longueur du monument, on lisoit cette inscription, citée par Samuel Guichenon, dans son Histoire de Bresse, fol. 141 du suppl. et rapportée par l'auteur du *Thrésor des Epitaphes Françoyses*, page 290.

   Passant, arreste-toy pour lyre,
A l'exemple de moy quel doibt estre ton cours:
   J'ai sçu combattre, armer, escryre
Et toutes les vertus défier au concours.
De Lucinge, j'ay pris les qualités sublimes
Que donna la nature à mes antécesseurs;
Imitateur et fils du Docte des Alymes
Qui donnoist aux François de la paix les douceurs,
Héritier de son nom, ses lettres, son courage,
Plutost que d'aultres biens dont il faisoit mespris;
   J'ay recueilly les palmes et l'hommage
Quy sont de la vertu le loyer et le prix.

Dans Casal, secondé du brave de la Grange,
L'Eridan a jugé de ma capacité!

Aux conseils, aux combats on a donné louange
Aux dires, à l'effect de ma fidélité !
Minerve m'a chéry, Mars me fust favorable ;
L'olive et le laurier ont cerné mon tombeau :
Eloquent en la paix, aux armes redoubtable ;
   Est-il rien de plus beau ?

Les travaux ont miné mon esprit et ma force ;
La Mort a moissonné des dons si précieux.
Mais la Vertu triomphe alors qu'elle s'efforce,
   Logeant l'esprit aux cieulx.

EXTRAITS

DE

L'EUCHARISTICON,

OU SE TROUVENT NOMMÉES LA MAISON DE LUCINGE, AVEC CELLES DE
THOIRES, DE BEAUGÉ, DE COLIGNY, DE SEYTURIER, DE
CHASTEAUVIEUX ET AUTRES ILLUSTRES MAISONS DU COMTÉ DE
BRESSE, ENTRÉES DANS L'ALLIANCE DE CELLE DE FAUCIGNY.

Lucinge.

   Sed dum Lucingicæ junguntur arbori
Illius advenæ stupent miraculis;
Oleaster etenim sicuti Nisæicus
Olim ex aperto fudit arma cortice,
Sic eadem pacis fructus et belli dedit.

*Thoires
et
Beaugé.*

Thoyriacam vero, et Balgiacam celsas cedros
Si quis potuisse exscindi miratur, sciet
Ex illis regias ædificatas domos.
Innumera denique arbores illic virent
Hesperidum dignæ maxumè pomariis,
Vix ut sit ulla quin eos fructus ferat
Iterum nubenti terra quos daret Jovi.

11

Coligny.

CÒLINIACORUM quales arbor fecerit
Fructus ostendit, utque priscis seculis
Ad supremum ramos ēxtulerit verticem,
Nec ab hic unquam fastigio descenderit,
Nisi ut se inclinando altius resurgeret.

––––––

Seyturier.

Tam lata ramis cernitur SETURIA
Ut magna ex illis sylva compōni queat.

––––––

Chasteauvieux.

In CASTRI VETERIS truncus extat rapidus,
Viriditatē antiqua primus, solatium
Tamen habens illud vitæ habeuntis, quod facit
Alitibus orbis nidum nobilioribus.

PARIS, IMPRIMERIE DE COSSON, RUE SAINT-GERMAIN-DES-PRÈS, N° 9.